あの子の発達障害がわかる本

3

ちょっとふしぎ

注意欠如・多動症 ADHDのおともだち

内山登紀夫＝監修

ミネルヴァ書房

はじめに

あなたのまわりに、とってもユニークだけど、うっかりミスが多かったり、忘れものが多かったり、じっとしていられなかったり、がまんできなかったり、ちょっと困った行動が多くて、失敗《しっぱい》ばかりしているふしぎなおともだちはいませんか？

「しかられても、どうして、またやるの？」「毎回、同じことばかり注意《ちゅうい》されてるのに……」と、気になるその行動の背景《はいけい》には、もしかしたら注意欠如《けつじょ》・多動症《たどうしょう》（ＡＤＨＤ）という特性が隠《かく》れているのかもしれません。

ＡＤＨＤの人は、生まれつき脳《のう》のしくみが他のみんなとちがうため、自分《じぶん》の行動をうまくコントロールすることができず、学校や毎日の生活で苦労しています。

「今度《こんど》はがまんしよう」「もう二度と失敗しないぞ」「大切《たいせつ》なものを忘れたくない」「みんなに迷惑《めいわく》をかけたくない！」と思って努力《どりょく》していても、同じ失敗をくりかえしてしまうのです。

そんなＡＤＨＤの人たちが、どんなことに困っているのかを知ってほしくて、この本をつくりました。ＡＤＨＤの人たちの悩みに耳をかたむけ、どうすればよいのか、いっしょに解決法《かいけつほう》を考えていけるといいですね。そうすれば、ＡＤＨＤの人たちの困りごとが少なくなるだけでなく、学校やクラスを、みんながもっと過ごしやすい場所《ばしょ》にしていくことが、できるかもしれません。

ぜひ、「あの子に似ているな」「わたしだったらこうするかも」と、想像力をふくらませながら読んでみてください。

【もくじ】

第1章　なんでこうなるの？　どうすればいい？

第2章　どこがちがうの？　注意欠如・多動症(ADHD)の子の得意なこと・苦手なこと

第1章 なんでこうなるの？ どうすればいい？

注意欠如・多動症（ADHD）の子の行動の背景《はいけい》にある、感じ方やとらえ方を知るための章です。

4人のおともだちのふしぎな行動について紹介《しょうかい》しています。

さいしょのページ

みんなが「ふしぎだな」「何でそうなるの？」ととまどってしまう場面《ばめん》を、紹介しています。

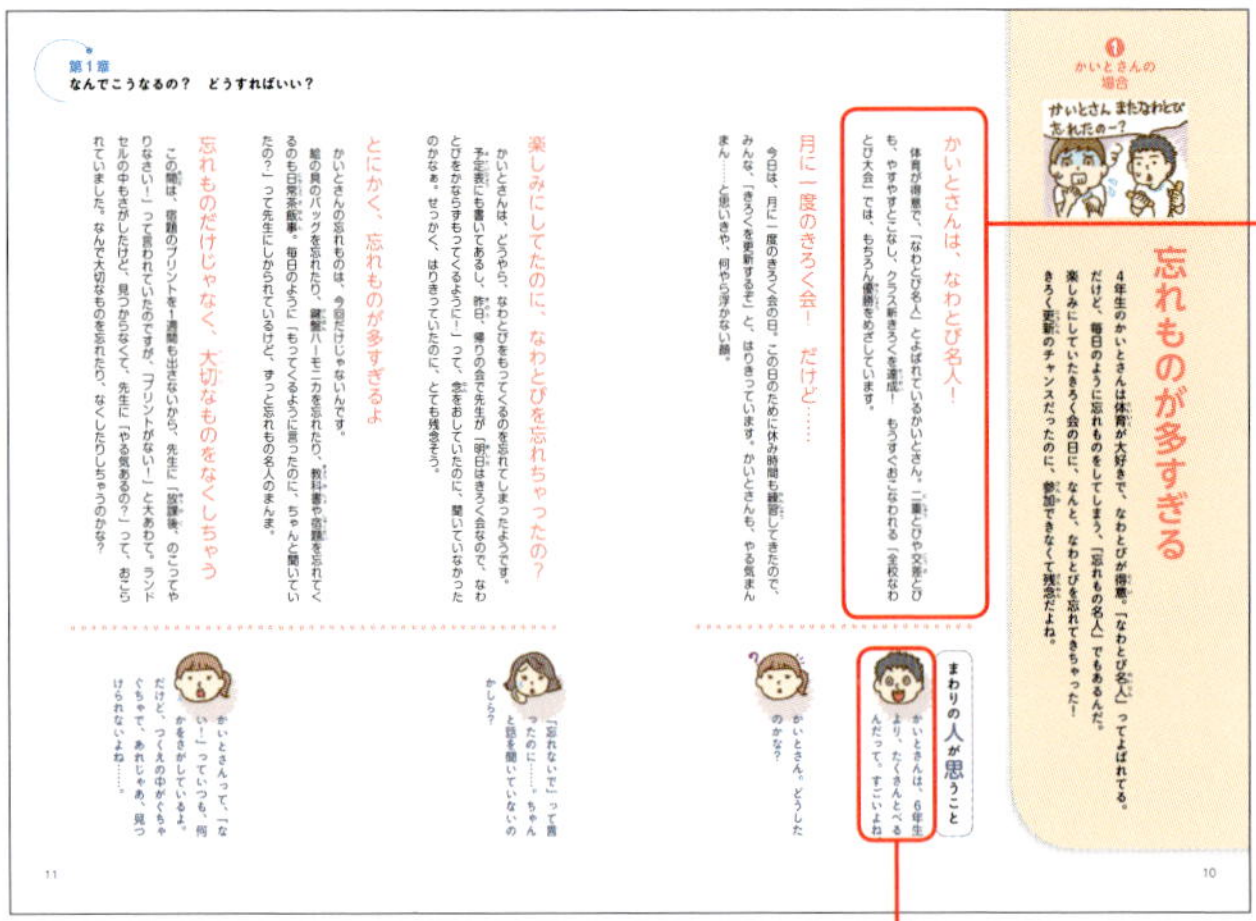

よくあるエピソードを紹介しています。

その場にいた、みんなの感想《かんそう》です。

つぎのページ

どうしてそうなってしまったのか、ADHDのおともだちがどんなふうに感じていたのか、本人の視点で解説《かいせつ》します。

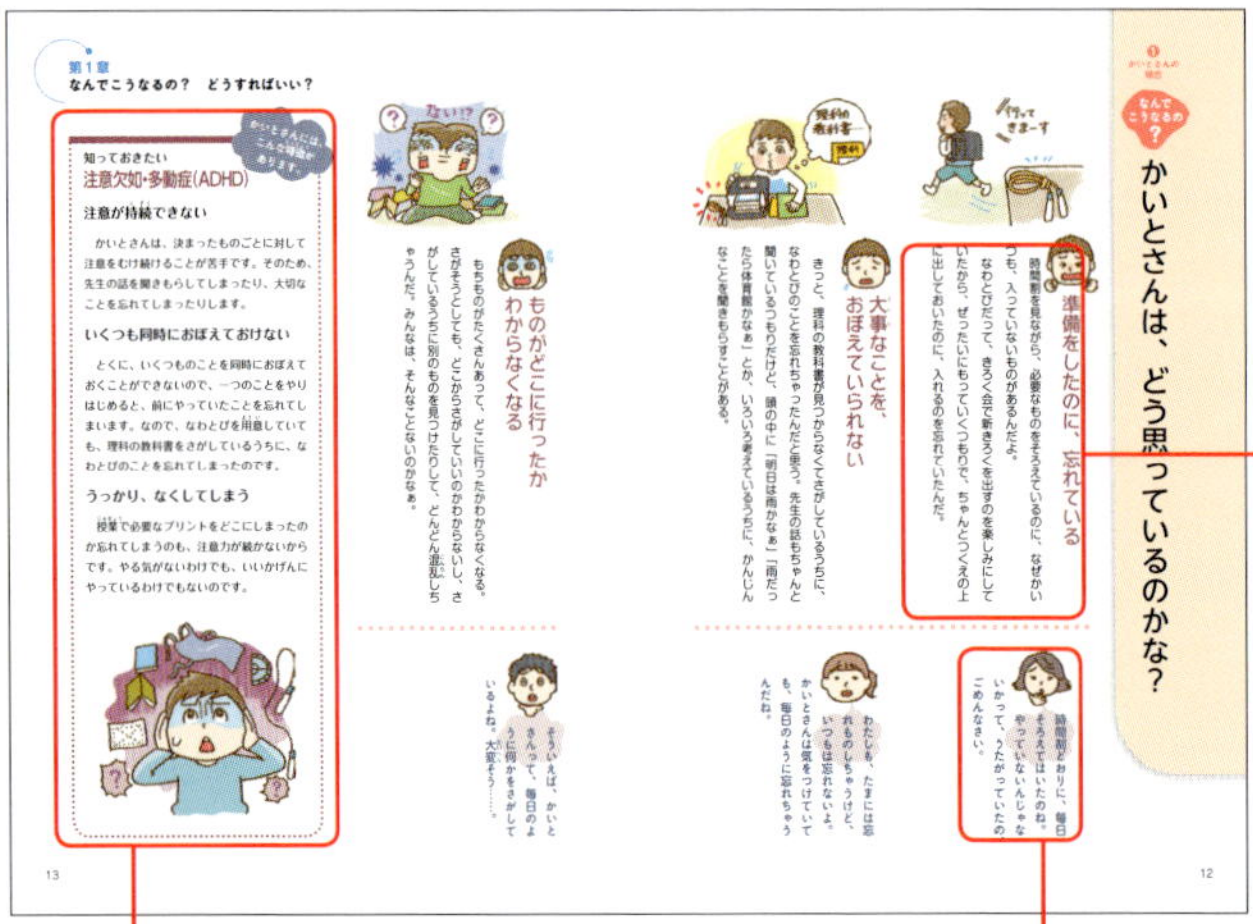

ADHDの子の、心の声を表しています。

エピソードをふりかえりながら、ADHDの特性を解説します。

ADHDの子のとらえ方を知って、みんなが感じたことです。

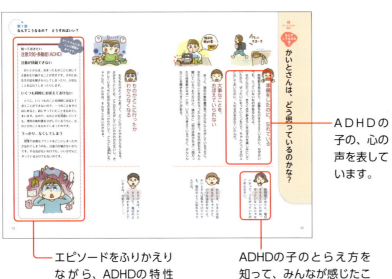

さいごのページ

どうすればうまくいくのか、どんな工夫《くふう》ができるのかを考えてみます。

その子の特性をふまえて、うまくいきそうな方法を紹介しています。

ADHDの子の、感想を言葉《ことば》に表しています。

理解《りかい》を深めるために、とくにおさえておきたい大切なポイントをおさらいしています。

第2章

どこがちがうの？ 注意欠如・多動症（ADHD）の子の得意なこと・苦手なこと

この章では、ADHDについて、さらにくわしく解説しています。

❶では、ADHDはどのような障害なのかを、簡単《かんたん》に紹介します。

❷では、ADHDの子が何が得意で、どんなことが苦手なのか、説明《せつめい》します。

この本に出てくる おともだち 紹介《しょうかい》

4年生 かいとさん

好奇心《こうきしん》おうせいで、発想《はっそう》がユニーク。
とっても楽しい、クラスの人気者《にんきもの》。
だけど自由すぎるうえに、
おっちょこちょいなので、
いろいろやらかしてしまう。

5年生 ゆかさん

おしゃべりで、明るくて、
とにかくエネルギッシュ！
ときどき、つっぱしりすぎて、
先生から注意されることもあるけど、
リーダーシップもバツグン。

4年生 じゅんさん

体が大きくて、スポーツ万能《ばんのう》！
元気いっぱいで、いつも走っている。
気が短くてキレやすいけど、
実《じつ》は、「また、やってしまった」と
反省《はんせい》している心やさしい性格《せいかく》。

6年生 むつみさん

ちょっと、ぼんやりしていて、
約束《やくそく》を忘れたり、大切《たいせつ》なことを忘れたり、
うっかりミスが多い。
だけど、いつもおだやかで、
やさしい雰囲気《ふんいき》の癒《いや》し系《けい》。

第1章
なんでこうなるの？どうすればいい？

注意欠如・多動症（ADHD）の子どもたちは、
何度《なんど》も同じ失敗《しっぱい》をくりかえしてしまったり、
大切《たいせつ》な場面《ばめん》で、力を出しきれなかったり、
自分をうまく使いこなすことができなくて、困っています。
本人がどう思っているのか心の声に耳をかたむけ、
どうすればうまくいくのか、いっしょに考えてみましょう。

1 かいとさんの場合

忘れものが多すぎる

4年生のかいとさんは体育《たいいく》が大好きで、なわとびが得意《とくい》。「なわとび名人《めいじん》」ってよばれてる。

だけど、毎日のように忘れものをしてしまう、「忘れもの名人」でもあるんだ。

楽しみにしていたきろく会の日に、なんと、なわとびを忘れてきちゃった！

きろく更新《こうしん》のチャンスだったのに、参加《さんか》できなくて残念《ざんねん》だよね。

かいとさんは、なわとび名人！

体育が得意で、「なわとび名人」とよばれているかいとさん。二重《にじゅう》とびや交差《こうさ》とびも、やすやすとこなし、クラス新きろくを達成《たっせい》！ もうすぐおこなわれる「全校なわとび大会」では、もちろん優勝《ゆうしょう》をめざしています。

月に一度のきろく会！ だけど……

今日は、月に一度のきろく会の日。この日のために休み時間も練習《れんしゅう》してきたので、みんな、「きろくを更新するぞ」と、はりきっています。かいとさんも、やる気まんまん……と思いきや、何やら浮かない顔。

まわりの人が思うこと

かいとさんは、6年生より、たくさんとべるんだって。すごいよね。

かいとさん。どうしたのかな？

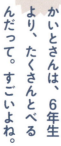

楽しみにしてたのに、なわとびを忘れちゃったの？

かいとさんは、どうやら、なわとびをもってくるのを忘れてしまったようです。予定表《よていひょう》にも書いてあるし、昨日《きのう》、帰りの会で先生が「明日《あした》はきろく会なので、なわとびをかならずもってくるように！」って、念《ねん》をおしていたのに、聞いていなかったのかなぁ。せっかく、はりきっていたのに、とても残念そう。

とにかく、忘れものが多すぎるよ

かいとさんの忘れものは、今回だけじゃないんです。

絵の具のバッグを忘れたり、鍵盤《けんばん》ハーモニカを忘れたり、教科書《きょうかしょ》や宿題《しゅくだい》を忘れてくるのも日常茶飯事《にちじょうさはんじ》。毎日のように「もってくるように言ったのに、ちゃんと聞いていたの？」って先生にしかられているけど、ずっと忘れもの名人のまんま。

忘れものだけじゃなく、大切《たいせつ》なものをなくしちゃう

この間《あいだ》は、宿題のプリントを1週間も出さないから、先生に「放課後《ほうかご》、のこってやりなさい！」って言われていたのですが、「プリントがない！」と大あわて。ランドセルの中もさがしたけど、見つからなくて、先生に「やる気あるの？」って、おこられていました。なんで大切なものを忘れたり、なくしたりしちゃうのかな？

「忘れないで」って言ったのに……。ちゃんと話を聞いていないのかしら？

かいとさんって、「ない！」っていつも、何かをさがしているよ。だけど、つくえの中がぐちゃぐちゃで、あれじゃあ、見つけられないよね……。

1 かいとさんの場合

なんでこうなるの？

かいとさんは、どう思っているのかな？

準備《じゅんび》をしたのに、忘れている

時間割を見ながら、必要なものをそろえているのに、なぜかいつも、入っていないものがあるんだよ。

なわとびだって、きろく会で新きろくを出すのを楽しみにしていたから、ぜったいにもっていくつもりで、ちゃんとつくえの上に出しておいたのに、入れるのを忘れていたんだ。

大事《だいじ》なことを、おぼえていられない

きっと、理科の教科書が見つからなくてさがしているうちに、なわとびのことを忘れちゃったんだと思う。先生の話もちゃんと聞いているつもりだけど、頭の中に「明日は雨かなぁ」「雨だったら体育館かなぁ」とか、いろいろ考えているうちに、かんじんなことを聞きもらすことがある。

時間割どおりに、毎日、そろえてはいたのね。やっていないんじゃないかって、うたがっていたの。ごめんなさい。

わたしも、たまには忘れものしちゃうけど、いつもは忘れないよ。かいとさんは気をつけていても、毎日のように忘れちゃうんだね。

かいとさんには、こんな特徴《とくちょう》があります。

知っておきたい
注意欠如・多動症(ADHD)

注意が持続《じぞく》できない

かいとさんは、決まったものごとに対して注意をむけ続けることが苦手です。そのため、先生の話を聞きもらしてしまったり、大切なことを忘れてしまったりします。

いくつも同時におぼえておけない

とくに、いくつものことを同時におぼえておくことができないので、一つのことをやりはじめると、前にやっていたことを忘れてしまいます。なので、なわとびを用意《ようい》していても、理科の教科書をさがしているうちに、なわとびのことを忘れてしまったのです。

うっかり、なくしてしまう

授業《じゅぎょう》で必要なプリントをどこにしまったのか忘れてしまうのも、注意力が続かないからです。やる気がないわけでも、いいかげんにやっているわけでもないのです。

ものがどこに行ったかわからなくなる

もちものがたくさんあって、どこに行ったかわからなくなる。さがそうとしても、どこからさがしていいのかわからないし、さがしているうちに別のものを見つけたりして、どんどん混乱《こんらん》しちゃうんだ。みんなは、そんなことないのかなぁ。

そういえば、かいとさんって、毎日のように何かをさがしているよね。大変《たいへん》そう……。

こうすれば、うまくいきそう！

1 学校に予備《よび》を用意する

かいとさんの場合《ばあい》、努力《どりょく》しても、忘れものを完全《かんぜん》になくすことはむずかしいようです。忘れものがあっても授業に参加できるよう、教科書はもちろん、文房具《ぶんぼうぐ》、なわとび、鍵盤ハーモニカなどを、一セット用意して、教室においておくことにしました。

きろく会に参加できないと思ってガッカリしてたけど、なわとびを貸してもらえたから出られてよかった。できるだけ気をつけるね。

2 注意がむくよう工夫《くふう》する

先生が話しているときに、頭の中でいろいろなことを考えてしまい、止めることができません。なので、大切な話をするときは、注意がむくように「かいとさん」と声をかけさりげなく肩をたたいたり、あとから聞いていたかどうか確認《かくにん》することにしました。

「明日は、鍵盤ハーモニカをもってきてね」って、帰るときに声をかけてもらったから、助かった。

CHECK POINT

しかったり、罰《ばつ》を与えても、「うっかり」は、なくならない

忘れものが多かったり、大切なものをなくしたり、「うっかり」が多いタイプの子に対して、叱責《しっせき》やペナルティを科すのはNGです。本人が自信《じしん》をなくしたり、やる気をなくしたりしないよう、サポートしましょう。

❶「何度も言ったのに」「また、忘れたの？」などとしかり、本人のやる気をうばっていないか。

❷本人のストレスをふやすだけの、意味《いみ》がない罰やペナルティを与えていないか。

❸忘れものをしても、授業に参加できるよう、配慮《はいりょ》できているか。

❹大切なことは、きちんと伝えるよう、工夫しているか。

❺いっしょに整理《せいり》するなどし、大切なものの管理の方法を教えているか。

3
大切なプリントは、入れる場所《ばしょ》を決める

かいとさんは、ものの管理《かんり》が苦手なため、大切なものをなくしてしまうこともあるようです。「大切なものを入れるファイル」や「大切なものを入れる箱」を用意し、そこに仕分けるルールを決めました。

大切なプリントを入れる場所を決めたから、なくすことがなくなったよ。

② かいとさんの場合

いつも何かをまちがえる

かいとさんは、人の話を聞いていないのかな？　それとも、思いこみがはげしいのかな？

聞きまちがえや書きまちがえが多くて、失敗《しっぱい》ばかりしているんだ。

この間《あいだ》、調べ学習で取材《しゅざい》に行ったんだけど、かいとさんはミスを連発《れんぱつ》！

がんばってるんだけど、からまわりばかりで、なんだかうまくいかないよね……。

待ち合わせの場所《ばしょ》に、あらわれない

5時間目の調べ学習の時間。かいとさんのグループは、それぞれ準備《じゅんび》をしてから裏《うら》門《もん》で待ち合わせ、ちかくの商店街《しょうてんがい》で取材することになっていました。みんなすぐ集まったのに、かいとさんだけあらわれません。トイレにでも行っているのでしょうか？

かいとさん、また、まちがえてる……

5分たち、10分たち、さすがに「おかしいな……」とみんなが思いはじめたころ、ようやく「ごめん！」と、かいとさんが登場。まちがえて正門《せいもん》で待っていたんですって。「早くしないと、取材の時間がなくなっちゃうよ」と、みんなは不満《ふまん》そう。

まわりの人が思うこと

準備をして、裏門に行くだけなのに、そんなに時間がかかるわけないよね……。

「裏門で待ち合わせ」って言っていたのに、どうしてまちがえるんだろう。

まちがえてばかりで、からまわり

取材でも失敗は続きました。八百屋《やおや》の山田さんに「田中さん」って言っちゃったり、お客さんをお店の人とまちがえたり、「この店はもうすぐ50年なんだよ」と教えてもらったあとに「何年やっているんですか？」と聞いてしまったり……。本人は汗をかきつつ、いっしょうけんめいなのですが、何かとからまわりしてしまいます。

メモの字が読めないよ……

それに、かいとさんはどうやらメモをとるのが苦手なよう。取材中、ちゃんとメモをとっていたのですが、字が汚《きたな》すぎて読めません。けいたさんに、「魚屋さんの名前はなんだっけ？」と聞かれたのですが、自分のメモが読めなくて「うおまるかな？　うおますかな？」と困っています。しっかりメモをとっていたみきさんが「魚正《うおまさ》だよ！」と教えてくれたので、なんとかなったのですが……。

テストやプリントも、ミスが多すぎる……

ふだんから、聞きまちがえや書きまちがえも多いのです。この間も先生が「かならず4日までに出してね」と言ったプリントを、8日までと思っていました。急いでやることになったのですが、年号をまちがえたり、年齢《ねんれい》を書くところにたんじょうびを書いたり、むちゃくちゃ。テストでもミスが多いので、先生も頭をかかえています。

かいとさん、まちがいが多いから、見ていてハラハラしちゃうよ。

ぼくも字を書くのは苦手だけど、かいとさんほどじゃないよ。自分の字が読めないなんて、メモの意味《いみ》がないよね。

テストでも書く場所をまちがったり、字が読めなかったり、まちがいが多いから、本当に困ってしまうわ。

❷ かいとさんの場合

なんでこうなるの？

かいとさんは、どう思っているのかな？

まちがえて、おぼえてしまう

「裏門」って聞いていたのに正門に行ってしまったり、4日を8日とかんちがいしたり、ちゃんと聞いているつもりなのに、かんじんなところでまちがえてしまう。

思いこみがはげしいのかな。まちがえていることにも気づかないんだ。

おぼえたことを、書くことも苦手

うっかりまちがえることが多いから、メモをとるように努力《どりょく》はしているんだ。でも、聞いておぼえたことを書くのが苦手で、ぐちゃぐちゃの字になってしまったり、自分で書いたメモが読めなかったり、まちがえてメモしてしまうこともあるから、あんまり役《やく》にたっていないかも。

そうなんだ。けっして、いいかげんに聞いていたわけではないのね。

メモをとっても読めなかったり、まちがってたりするんじゃ、困っちゃうよね。どうしたらいいのかな。

かいとさんには、こんな特徴《とくちょう》があります。

知っておきたい
注意欠如・多動症（ADHD）

聞いたことをおぼえておけない

注意が持続《じぞく》できないかいとさんは、さっき聞いたことでもすぐに忘れてしまうことがあります。聞いていないわけではなく、そのときはちゃんと聞いているのですが、脳《のう》の中にストックしておくことができないのです。

まちがえて、思いこんでしまう

おぼえておけないので、思い出すときにまちがえてしまうことがあります。「待ち合わせはどこだっけ？」「正門かな？」と勝手《かって》に想像し、「正門で待ち合わせ」と思いこんでしまうのです。日にちや名前をまちがえたりしてしまうのも、そのためです。

べんきょうで苦労することもある

文字を書くのが苦手だったり、書く場所をまちがえたり、べんきょうでも苦労しているかいとさんは、学習障害（LD）の傾向《けいこう》があるのかもしれません。ADHDの人の半分くらいは、LDもあるといわれています。

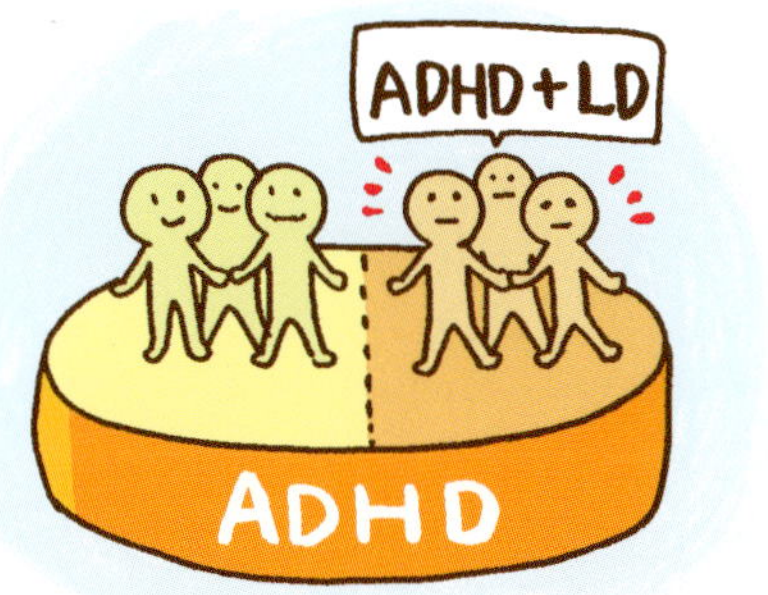

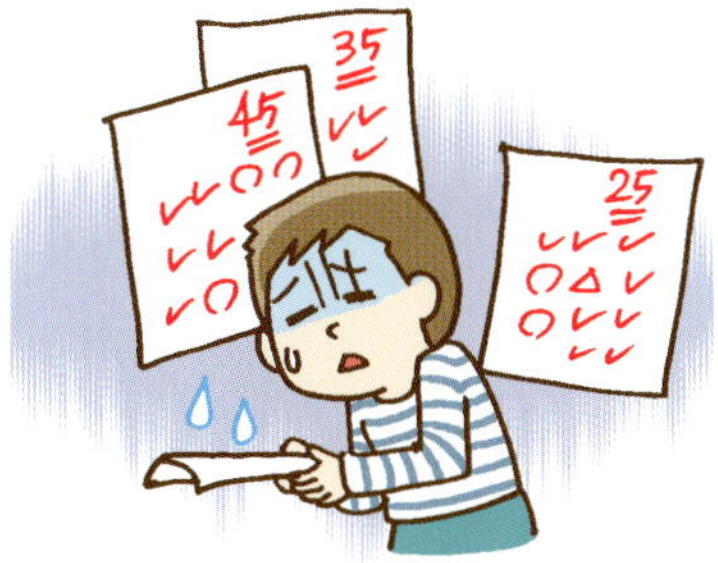

がんばってるけど、できない

テストやノートを返してもらうときに、赤で×がいっぱいだから、テンションがさがる。「がんばって!」とか「やればできる!」とか言われて、がんばっているつもりなんだけど、うまくいかないんだ。もう、これ以上、がんばれないよ。何度《なんど》もミスをくりかえしてしまうから、だんだん、「おれって本当にダメなやつかも……」って自信《じしん》がなくなってきた。

「がんばって」とはげましているつもりだったけど、かいとさんにはプレッシャーになっていたのね。

② かいとさんの場合

こうすれば、うまくいきそう！

1
大切《たいせつ》なことは書いてわたし、くりかえして確認《かくにん》する

おぼえておくことが苦手なかいとさんがまちがえないように、待ち合わせの場所、時間などは、できるだけ手に書いたり、めんどうでもメモを書いてわたすようにしました。クラスメイトにも、くりかえして「裏門でね」などと確認するようお願いしました。

待ち合わせのとき、いつも「あれ？どこだっけ」ってなるから、手に書いてもらえて、助かった！

2
いっしょに、見直すことにする

簡単《かんたん》なミスをへらすため、プリントやメモなどは、見直すクセをつけました。となりの席《せき》のみきさんにお願いして、まちがえがないか、書き忘れているところがないか、できるだけいっしょにチェックしてもらいます。

「名前を書くのを忘れているよ！」って、みきさんがチェックしてくれたよ。これで、少しはミスがへるかな。

CHECK POINT

ミスをカバーする工夫《くふう》をしながら、得意なことをのばす！

失敗を完全《かんぜん》になくすことはできませんが、へらす工夫をしたり、協力《きょうりょく》してカバーしたりすることはできます。「失敗ばかり……」と自信をうしなってしまわないよう、サポートしましょう。

❶おぼえておくことが苦手な子のために、メモをわたす、くりかえして確認するなどの、工夫をしているか。

❷プリントなどは出す前にいっしょに見直し、ミスがないかチェックしているか。

❸本人が自信をなくしたり、「がんばってもムダ」と投げやりになったりしていないか。

❹失敗によるダメージから、切りかえて、立ち直れるよう協力しているか。

❺できていることや、本人が得意なことで、自信がもてる機会《きかい》をつくっているか。

3
できていることを教えて、作業《さぎょう》は分担《ぶんたん》する

毎日、ミスをくりかえしているうちに、かいとさんは自信をなくしていたようです。なので、「インタビューがうまかったよ」とか、「下調べが、ちゃんとできていたね」とか、できていることをちゃんと伝えるようにしました。それから、インタビューはかいとさん、メモをとるのはけいたさんというように、作業を分担するようにしました。

人の話を聞くのは好きだし、インタビューをするのは得意《とくい》なんだ。「じょうずにできてた」って言われて、うれしかったな。

3 かいとさんの場合

大事《だいじ》なことが、あとまわし！

図工の時間。絵の具を使ったので、それぞれ道具《どうぐ》を洗って、お片付《かたづ》け。
だけど、かいとさんはパレットを洗うのに、すごく時間がかかっています。
あげくのはてに、水を出しすぎてしまうから、そこらじゅう水びたし。
なのに、パレットや筆はちっとも洗えてなくて、みんなあきれています……。

図工の時間が終わり、お片付けです！

今日は、秋の文化祭《ぶんかさい》で展示《てんじ》する「未来都市《みらいとし》」の絵に、絵の具で色をぬりました。絵をかくのが得意《とくい》なかいとさんは、大作《たいさく》を完成《かんせい》させて満足《まんぞく》そう。先生が「そろそろ片付けて」って声をかけたので、みんな片付けをはじめます。

洗い場で、パレットを洗いはじめたけど……

かいとさんも、パレットや筆をもって、洗い場へ。洗いはじめたのはいいのですが、パレットを指でゴシゴシこすっているだけで、なかなか洗い終わりません。

並んでいるみんなはイライラ……。チャイムが鳴って、並んでいたけいたさんが「遊んでないで、早くしろよ！」と声をかけます。

まわりの人が思うこと

かいとさんは、絵が得意なんだよ。未来都市の絵も、すごく、かっこよかった！

パレット洗うのが、そんなに大変《たいへん》かな。時間がかかりすぎてない？

遊んでいないで、洗ってよ！

かいとさんは、パレットの色を指でまぜることに夢中《むちゅう》になっていたようです。けいたさんに声をかけられたかいとさんは、あわてて、水道の蛇口《じゃぐち》をひねります。おもいっきり蛇口をひねったので、ジャーッといきおいよく水がはね、となりにいたみきさんにも、水がバシャッとかかってしまいました。

そこらじゅうが、水びたしだよ……

みきさんは、びしょびしょ。だけど、かいとさんは気にする様子《ようす》もなく「おおっ！　ふんすいみたいじゃん。すげぇ！」とか叫《さけ》んでいます。おまけに、こんどは洗い場に流れていく、色のついたきれいな水に興味《きょうみ》しんしん。

少しも洗えていないよ！

しかも、パレットには絵の具がこびりついていて、ほとんど洗えていません。筆にも水入れにも、絵の具がついたまんま。

「もっと、ちゃんと洗ったほうがいいよ」と、みきさんが注意をしたけど、かいとさんは、「えっ？　もう洗ったよ」ですって……。やらなきゃいけないことが、わかっていないのでしょうか。

「洗い場を使うときは、ほかの人に水がかからないように注意してね」って、何度《なんど》も言っているのに……。

わたしに水がかかったのも、水びたしになったのも、ぜんぜん気にしていないの。ひどくない？

3
かいとさんの場合

なんでこうなるの?

かいとさんは、どう思っているのかな?

ちゃんと洗っているつもり

ぼくは、ちゃんと洗っていたよ。

パレットの絵の具をおとしたし、水で流したし。なのに、けいたさんに「遊んでないで、早くしろよ!」って、おこられた……。ぼくは、遊んでいるつもりなんて、ぜんぜんなかったんだよ。

だって、次々《つぎつぎ》おもしろいことがおきる

パレットをゴシゴシこすったら、絵の具の色がまざって、すごくきれいだった。

蛇口を強くひねったら、パレットにあたって水がはねて、それがふんすいみたいで、おもしろかった。色のついた水がまざりあいながら流れていく様子《ようす》にも、思わずみとれちゃったよ。次々おもしろいことがおきるけど、みんなは気にならないのかな?

パレットを指でまぜているから、遊んでいるだけで、洗う気がないんじゃないかと思ったんだ。

たしかに、色のついた水が流れていくのは、きれいだった。
でも、遊んでいるだけで、ちゃんと洗えていないと、次の図工のときに困っちゃうよ。

どこまでやれば、終わりなの？

しっかりパレットは洗ったつもり。だけど、みきさんに「もっと、ちゃんと洗ったほうがいいよ」って言われちゃった。

どこがだめなの？　筆や水入れも洗ったほうがいいの？　先生はそんなふうに言ってなかったと思うけど。やり方を聞いていないし、いったいどこまでやれば終わりなのかが、わからないよ。

言われてみると、洗い方の手順《てじゅん》はちゃんと教えていなかったわ。

かいとさんには、こんな特徴《とくちょう》があります。

知っておきたい
注意欠如・多動症（ADHD）

できごとに、すぐ反応《はんのう》してしまう

かいとさんは、目の前でおもしろいできごとがおこると、すぐに反応してしまい、行動をストップすることができません。絵の具をまぜることや、ふんすいのように水が飛ぶ様子などに夢中になってしまいます。

やるべきことが、おろそかになる

次々におこるできごとに反応しているうちに、本当にやらなければならないことがおろそかになってしまいます。けれども、けっして、ふざけているわけではなく、本人は、ちゃんとやっているつもりなのです。

優先順位《ゆうせんじゅんい》がつけられない

「パレットを洗う」「筆を洗う」「水入れを洗う」など、いくつかの作業《さぎょう》がある場合《ばあい》、優先順位をつけて、だんどりよく進めることができません。

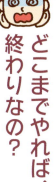

❸ かいとさんの場合

こうすれば、うまくいきそう！

1 具体的《ぐたいてき》な手順を教える

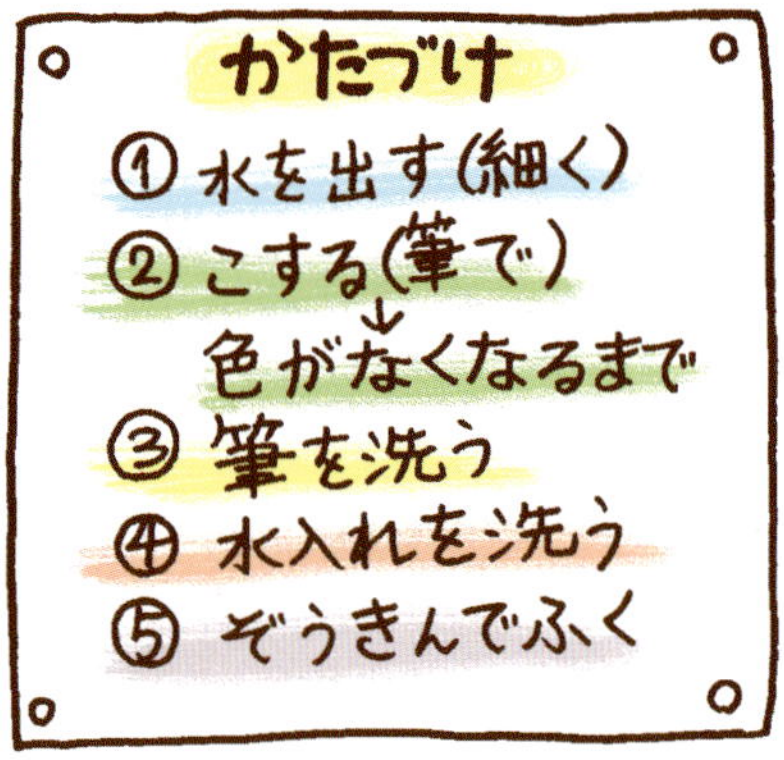
かたづけ
① 水を出す（細く）
② こする（筆で）
色がなくなるまで
③ 筆を洗う
④ 水入れを洗う
⑤ ぞうきんでふく

絵の具の道具を片付けるとき、「洗う」という作業ひとつとっても、手順はいくつかに分かれています。優先順位をつけて作業を進めるのが苦手なかいとさんの場合、「きれいに洗って」という指示《しじ》だけでは、やることの手順を組み立てることができません。そこで、うまくいく手順を、箇条書《かじょうが》きにして教えました。

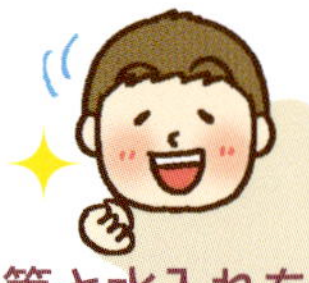

最初にパレットを洗って、それから筆と水入れを洗うんだね。やっと、わかったよ。

2 イメージできるように、実際《じっさい》にやりながら伝える

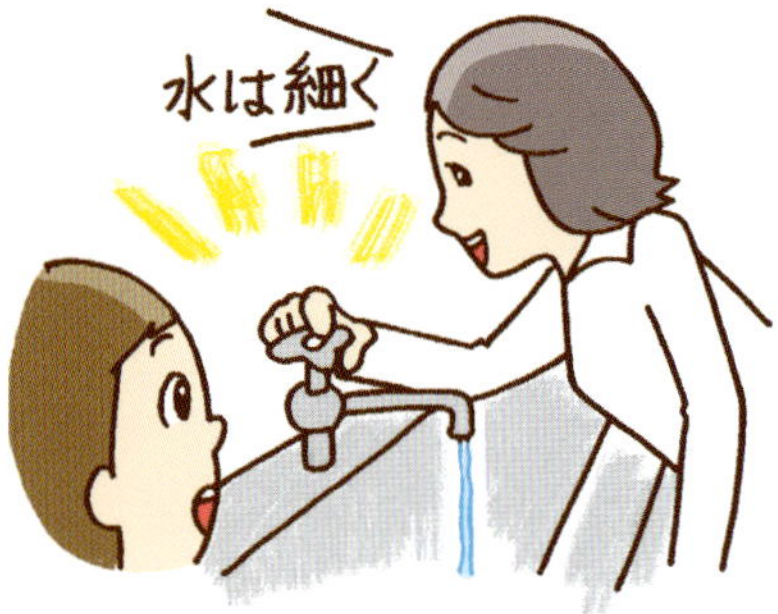
水は細く

やり方や力《ちから》のかげんが、イメージできるように教えました。水を出すのは「細く」、パレットを洗うときには筆で「小さくくるくる」、筆は「指でもみもみ」、水入れは「中も外も」など、実際にやってみながら、イメージを共有しました。もし、水は「細く」ということがわかりにくい場合は、蛇口《じゃぐち》の角度《かくど》や水流の太さを具体的に伝えるようにします。

洗うときには「水は細く出す」ってわかったから、これからは気をつけるね。

CHECK POINT

手順を考えて、やりとげられるように

興味がうつりやすく、やらなくてはならないことをおろそかにしてしまうタイプの子には、手順をしっかり伝えることで、作業をやりとげられるよう工夫《くふう》しましょう。

❶手順を教えず、「きれいに洗う」「ちゃんと片付ける」など、あいまいな指示を出していないか。

❷手順は、箇条書きにして掲示《けいじ》したり、メモでわたしたりして、常に本人が確認《かくにん》できるようにしているか。

❸手順のイメージが共有できるよう、いっしょにやってみたり、わかりやすい言葉《ことば》で伝えているか。

❹どこまでやれば作業が終わりなのか、わかりやすい目安を伝えているか。

3 どこまでやれば終わりなのかを教える

作業をやりとげるためには、どこまでやれば終わりなのかを、知っておかないといけません。絵の具のついたパレットを洗うときには「水に色がつかなくなるまで」、洗ったものをぞうきんでふくときは、「中を3回。外を3回」など、ルールを決めました。

どこまでやれば終わりなのか、目安《めやす》がわかったから、片付けがやりやすくなったよ！

4
ゆかさんの場合

どうしても、じっとしていられない

5年生のゆかさんはクラスの人気者《にんきもの》。いろんなことを知っていて、話がとってもおもしろい。おしゃべりなのは悪いことじゃないけど、授業中《じゅぎょうちゅう》もおちつきがなくて私語《しご》が多いから、よく「しずかにしなさい！」「うるさい！」って、先生におこられている。朝礼《ちょうれい》の時間も、校長先生の話を、じっとして、聞いていることができないみたい……。

今日も、ゆかさんはパワー全開！

月に一度、体育館《たいいくかん》での全校朝礼の日。朝から、ゆかさんは、昨日《きのう》のドラマの話でもりあがっています。校長先生が「おはようございます！」ってあいさつしているのに、おしゃべりはとまらず、ずっとぺちゃくちゃ。

「しずかにしてよ！」って注意された

列をぬけ出して、大きな声で「ねぇねぇ。あけみちゃんは、昨日の刑事《けいじ》ドラゴンの犯人はだれだと思う？」って、となりのクラスの子にまで話しかけに行くから、知らない子から「しずかにしてよ！」って、注意されてしまいました。

まわりの人が思うこと

よくあんなに話すことがあるよねって思うくらい、ゆかちゃんは、ずっと話し続けてる。

ゆかちゃん。校長先生の話を聞こうよ！

注意されても、ゆかさんは、なかなかじっと話を聞いていることができません。しばらくは校長先生の話を聞いていたのですが、何か気になることがあるらしく、また列をぬけ出して、となりのクラスのあけみさんのところに行ってしまいます。

みんなちゃんと聞いてるのに、迷惑《めいわく》だよ

「ねぇ。そういえば、この間《あいだ》のシールは買ったの？」「かわいかったよね。私もほしいなぁ。いくらだった？」。まったく関係ない話を大声ではじめるから、あけみさんもちょっと困っています。「しーっ！」「しずかに！」。みんなが注意するけど、ゆかさんはどうして注意されているのか、わかっていないみたい。

なんで授業中にも、話しかけてくるの？

休み時間はいいとしても、授業中も、だいたいそんな感じなのです。

とにかく、おちつきがなくて、いつもキョロキョロ、そわそわ。「ほら、みて。校庭にカラスがいるよ」とか「6年生の豊田せんぱい。かみがた変えたみたい」とか、なにか話題をみつけると、となりの席のこうきさんにいきなり話しかけてきます。

しかも、声が大きい。先生が注意しても、すぐにまた、「今日の給食、なんだったっけ？」などと話しかけています。迷惑してるの、わかってないのかなぁ。

校長先生が話しはじめてもおかまいなしで、となりのクラスまで行っちゃうんだよ。

ゆかちゃんと話すのは楽しいんだけど、校長先生が話してるときに、大きな声で話しかけてくるから、ちょっと困る……。

「しずかに」って、何度《なんど》も注意しているし、「うるさい！」って強くしかったこともあるんだけど、ぜんぜん効果がないんだよ。どうしたらいいんだろう。

なんでこうなるの?

ゆかさんは、どう思っているのかな?

話しちゃいけないって、わかってなかった

みんな楽しそうにしてくれていたから、わたしのおしゃべりが、だれかのじゃまになっているってことが、わかっていなかった! 夢中《むちゅう》になるとまわりが見えなくなるし、人の話が長いと集中力《しゅうちゅうりょく》がとぎれてしまうの。めんどうかもしれないけど、「今は、校長先生の話を聞こうよ」と教えてくれると助かる。

声が大きいって、気づいてなかった

自分《じぶん》の声が大きいことにも、気づいていなかったの。テンションがあがると、気づかないうちに、どんどん声が大きくなるらしい。わたしは、うるさくさわいでいるつもりは、なかったんだ。

ゆかちゃん。あのとき、校長先生の話がはじまったことに、気づいてなかったんだね。

「声が大きいよ」って、何度も同じことを言うのは悪いと思っていたけど、そのつど教えたほうがいいみたいだね。

ゆかさんには、こんな特徴《とくちょう》があります。

知っておきたい
注意欠如・多動症(ADHD)

まわりの状況《じょうきょう》が読めない

ゆかさんは、自分が話すことに夢中になっていると、校長先生の話がはじまっても気づくことができないようです。みんながちがうモードに入っているのに気づかず、声をかけないと自分で切りかえることができません。

また、「しずかに」「うるさい」などと言われても、なぜ注意されているのかがすぐには理解《りかい》できていない場合《ばあい》もあり、どうしたらいいのかもわからないので、困っています。

人の話に集中できない

授業中の教室や集会など、じっと人の話を聞いていなければならない場面《ばめん》が苦手です。あれこれ気が散ってしまい、集中していることができません。

思いつくと、いてもたってもいられない

集中していられないので、気になることや思いついたことがあると、いてもたってもいられなくなります。ついつい、動いたりしゃべったりしてしまいます。

「うるさい！」ってしかられるとショック

だれかのじゃまをしているつもりもないし、楽しく話しているつもりなので、いきなり「うるさい！」とか「しずかに！」っておこられると、ちょっと傷《きず》つく。もしかして、迷惑かけているのかなぁってうすうす気づいているんだけど、すぐに同じことをやっちゃうんだ。どうしたらいいのかなぁ。

何度もしかっているのに変わらないから、迷惑かけていることをわかっていないと思っていたけど、本人は傷ついていたんだ！

④ ゆかさんの場合

こうすれば、うまくいきそう！

1 そのたびに、状況を伝える

ゆかさんは、自分でおしゃべりをやめたり、行動を抑《おさ》えたりすることがむずかしいようです。なので、「校長先生の話がはじまったから、おしゃべりはおしまい」「列を動かないで」「授業中だから、口にチャック」などと、一つひとつ伝えるようにしました。

話しだしたら自分では、なかなか切りかえられなかったから、教えてもらえて助かる。

2 声が大きいときにも、そのたびに教える

大きな声で話してしまうのも、けっしてわざとではありません。声が大きい場合は、「ボリューム下げて」とそのつど、教えます。できるだけゆかさんが自覚《じかく》できるよう、「今のボリュームは、ちょうどいいね」など、できているときにOKサインを出します。

「うるさい！」ってしかられるより、「ボリューム下げて」って言われるほうが、へこまなくてすむよね。

CHECK POINT

エネルギッシュなタイプを抑えつけることはできない

おしゃべりでエネルギッシュなADHDの子を、頭ごなしにしかるのはNG。効果がないだけでなく、「いつも自分だけしかられる」「先生にきらわれている」など、ネガティブな感情《かんじょう》につながることがあります。

❶しかる前に、本人が自分で行動を止めたり、切りかえられたりできるよう、状況を伝えているか。

❷必要な情報《じょうほう》をちゃんと伝えずに、「空気を読め！」という、ハードルの高い要求をしていないか。

❸行動を切りかえられたときは、本人が自覚できるよう、OKサインを出しているか。

❹エネルギーを発散《はっさん》できるよう、活動できる場《ば》や、表現できる機会をもうけているか。

3
おもいっきり活動できる場面をつくる

じっと人の話を聞いていることが苦手で、エネルギーをもてあましてしまう、そんなゆかさんのために、朝礼で発表《はっぴょう》してもらったり、放送当番をやってもらったり、活動できる機会《きかい》をふやしました。授業中も、ゆかさんが発言《はつげん》する場面をつくることで、少し授業に集中できるようになりました。

先生が、「ゆかさんは、どう思う？」って、ときどき聞いてくれるから、前より授業に集中できるようになったよ。

5
ゆかさんの場合

よけいなことを言ってしまう

ものしりで話題も豊富《ほうふ》なゆかさんなんだけど、ちょっと自己《じこ》中心的なところがある。この間《あいだ》も、人の話にわりこんできて、一人でずっと、ぺちゃくちゃしゃべってた。それに、いつもひとこと多くて、よけいなことも言っちゃうんだよね。おかげで、楽しいはずのおしゃべりが、びみょうな空気になっちゃったよ！

『まほうウサギぐるぐる』おもしろいよね！

ある日の休み時間のことでした。まりさんと仲良しグループの女の子たちが、好きなアニメの話でもりあがっていると、通りがかったゆかさんが、「あー。『まほうウサギぐるぐる』でしょ」と、いきなり話にわりこんできたのです。

ゆかちゃんは、すっごく、アニメにくわしいね

「あれのマンガをかいてる人は、『宇宙ガンガン』の原作者《げんさくしゃ》でもあるんだよね。だから、青ウサギはガンガンの子どもなの」と、アニメにもマンガにもくわしいゆかさんは、ぺらぺらとまめ知識《ちしき》をひろうします。みんなは感心《かんしん》して「へぇー」「そうなんだー」と聞いていました。

まわりの人が思うこと

ゆかちゃんって、アニメやマンガに本当にくわしいよね。

自分が気になる話だと、おかまいなくわりこんでくるよね。その自己主張《しゅちょう》の強さは、うらやましい。

ゆかちゃんばかり、しゃべっているよ

けれども、いきなり「わたしはどっちもマンガで原作を読んだけど、『ガンガン』にくらべると『ぐるぐる』なんかつまんないよ」とバッサリ。まりさんたちも、次第《しだい》にげんなり。だって、楽しく『まほうウサギぐるぐる』の話をしていたのです。

まさか、ネタばれしちゃうなんて……

ゆかさんはおかまいなしに、ベラベラ話し続けます。あげくのはてに、「『ぐるぐる』の最終回《さいしゅうかい》で、ガンガンは青ウサギのお父さんだったっていうオチがつくんだよね。だから『ガンガン』を読んでおいたほうがいいと思うの。どうせ、青ウサギは主人公《しゅじんこう》なのに死んじゃうしね」と、まさかのネタバレ。まりさんたちは、ぼうぜん……。

どうして、そんなこと言っちゃうの？

気をとりなおして、まりさんが「わたし、青ウサギの絵をかいたんだ」とランドセルから取り出したノートを、みんなに見せます。そしたら、ゆかさんがゲラゲラ大笑いして、「うわー。へたくそー」ですって。「なに。これ。まったくウサギにみえないよ。かわいくないし」と言いたいほうだい。まりさんはかなしそうな顔をしているし、せっかくの楽しい休み時間が、なんだか、いやな空気になってしまいました。

『ガンガン』の話をされても、わからないよ。わたしたち読んでないし。

なんでネタバレしちゃうの。わたしたち毎週《まいしゅう》、アニメをみて、先の話を予想《よそう》するのを、楽しみにしていたのに！

いっしょうけんめいにかいた絵を「へたくそ」って言われて、ショックだった。

5 ゆかさんの場合

なんでこうなるの？

ゆかさんは、どう思っているのかな？

つい思ったことを、言ってしまう

わたしが言ったことで、みんなを傷《きず》つけたり、いやな思いをさせたり、迷惑《めいわく》をかけているなら、ごめんなさい。

「うっかり」でも言ってはいけない言葉《ことば》とか、話題があることは、わかっているんだけど。

あとから考えると、わかる

自分が知っていること、わかっていること、思いついたことは、だまっていられない。近くでだれかが気になる話をしていると、すぐに入って話したくなる。あとから、「迷惑だよ」とか「あんなことは言っちゃだめ」とか、注意されて「また、やっちゃった！」と気がつくの。

どうして人を傷つけるようなことばかり言うのかなって、ふしぎだったけど、わざとじゃないんだね。

ゆかちゃんは自由気ままで、気にしていないのかと思ってた。あとから、「しまった！」って反省《はんせい》していたんだね。

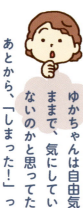

ゆかさんには、こんな特徴《とくちょう》があります。

知っておきたい
注意欠如・多動症(ADHD)

考える前に、しゃべってしまう

ゆかさんは、ADHDの特性のひとつである「衝動性《しょうどうせい》」が強く、思いついたことや気になったことを、よく考えずに口に出してしまいます。人の話にわりこんだり、人を傷つけるようなことを言ってしまったりするのも、そのためです。

話しているうちに、止まらなくなる

次から次へと話したいことが頭の中に浮かび、話しはじめると止まらなくなってしまいます。いわば、アクセル全開《ぜんかい》でブレーキがきかない状態《じょうたい》なのです。

言ってはいけないことが、判断《はんだん》できない

場《ば》の空気を読んだり、人の気持ちを想像することがむずかしいゆかさんは、自閉スペクトラム症（ASD）の傾向《けいこう》があるようです。ASDとADHDをあわせもつ人は、めずらしくありません。アニメやマンガにくわしく、マニアックな知識をたくさんもっているのも、ASDの特性です。

ついつい、また、しゃべってしまう

人の話にわりこむのも、自分ばかり話し続けたりするのも、人を傷つけることを言ってしまうのも、「よくないよ」って、先生に注意された。わかっているつもりなんだけど、ついついしゃべってしまうの。「がまんしなきゃ」って思っているんだけど、長続きしなくて、どうしていいのかわからない。

注意されたときには、がまんしてるんだね。長続きさせるためには、どうしたらいいんだろう。

5 ゆかさんの場合

こうすれば、うまくいきそう！

1 話をするときのキーワードを教える

話に加わるときは「ちょっと、いいかな」「よけいなことかもしれないけど」、話題を変えるときは「話は変わるけど」などというキーワードを使うと、相手も応じやすいことを教えました。また、「わたしはこう思ったけど、〇〇ちゃんはどう思う?」など、人の意見《いけん》を聞いてみるとキャッチボールになりやすいのでグッドです。

すぐにはルールどおりにできないかもしれないけど、キーワードを使えるようになれるといいな。

2 みんなで「NGワード」のリストをつくる

この機会《きかい》に、どんなことを言われたら傷つくのか、みんなで話し合い、「NGワード」リストをつくりました。教室のかべにはっておくと、「ブブーッ」とみんなでダメだしし合えるので、便利《べんり》です。

言っちゃいけない言葉がわかったから、これからはできるだけ気をつけるようにするね。

CHECK POINT

わだかまりや、トラブルをへらしていくことが目標《もくひょう》

ブレーキがかからず思いついたことを、すぐに口にしてしまうタイプの子の場合《ばあい》、ともだちとのトラブルやいじめ、仲間はずれなどに発展《はってん》してしまうリスクがあります。特性そのものを変えることはできませんが、工夫次《くふうし》第《だい》で、ともだちとのトラブルなどは、へらしていくことが可能《かのう》です。

❶特性があっても、スムーズにコミュニケーションをとるためのヒントやキーワードを教えているか。

❷言ってはならないことや、気をつけたい行動について、本人が意識《いしき》できるようサポートしているか。

❸「なんで？」「また！」など、一方的《いっぽうてき》に責《せ》めたり、しかったりしていないか。

❹わだかまりをなくせるよう、仲直りの機会をつくったり、あやまったりできているか。

3
ＮＧはその場で伝え、わだかまりをなくす

あとになって「あのとき、傷ついた」「本当は、いやな気持ちだった」と言われると、ゆかさんはよけいにへこんでしまうようです。なので、できるだけその場で「今のはNGだよ！」と伝えることにしました。すぐにゆかさんが「ごめんね」とあやまれば、わだかまりもなくなります。

その場で「NG！」って教えてもらえると、「ごめん！」って、あやまれるよ。

6
ゆかさんの場合

がさつで、おおざっぱ

給食の時間。今日のおかずは、人気《にんき》ナンバーワンのシチューだよ。給食当番のゆかさんが、どんどんシチューをお皿にもっていきますが、入れ方がおおざっぱ！　それに、量《りょう》が多かったり少なかったり、なんだか不公平《ふこうへい》。もりつけが速いのはいいけど、もう少し、ていねいにやってよ！

リーダーのゆかさんは、てきぱきと仕切《し》ります

今日の給食当番は、ゆかさん、まりさん、めぐみさんの三人。リーダーのゆかさんが、「めぐみちゃんは、パンの係《かかり》ね。まりさん、牛乳《ぎゅうにゅう》を配《くば》って。わたしがシチューを入れるから」と、てきぱき仕切ります。

作業《さぎょう》は、とても速いのだけど……

ところが、ゆかさん。作業は速いのですが、もりつけが信じられないくらい雑《ざつ》！　具の量が多かったり少なかったり、どう見てもばらばら。クラスのみんなも気になって、その様子《ようす》をながめています。

まわりの人が思うこと

ゆかちゃんって、いつもテキパキしてて、頼りになるんだよね。

たくさん、こぼれてしまっているよ。もったいないよね。

がさつすぎて、もりつけが汚《きたな》い……

お玉をお皿に近づけないで、上のほうからドバッと入れちゃうので、シチューが飛《と》び散《ち》り、トレーの上はこぼれたシチューでどろどろのベタベタ。それをふこうともしないで、「はい！」とわたします。あまりにもりつけが汚くて、せっかくのシチューが、ちっともおいしそうに見えないのです。

見かねた先生が、「もっと、ていねいにもりつけようよ」と注意します。

このままだと、量が足りないよ！

それに、配分《はいぶん》を考えずにたくさんよそっていたので、まだ半分も配っていないのに、のこりの量が少なくなってきました。しかも、もう、ほとんど具がのこっていません。

となりでパン係をしていためぐみさんが心配《しんぱい》して、「それじゃあ、足りなくなるよ」と、アドバイス。ゆかさんは、急に、よそう量をへらしはじめます。

あまりのバランスの悪さに、不満《ふまん》が続出《ぞくしゅつ》

その結果、「野菜だらけで肉が入ってない！」「私のはにんじんだらけ」「汁だけで具がぜんぜんない」などなど、不満が続出。あわてて、めぐみさんやまりさんも手伝《てつだ》い、具を追加《ついか》したり、汁をへらしたり、鍋《なべ》にもどしたり……。てんやわんやで対応《たいおう》しますが、シチューがさめてしまいそう。楽しみにしていたみんなは、ガッカリです。

ゆかさん。速いのはいいんだけど、もう少していねいに入れようよ。

お皿からあふれていても、気にならないのかなぁ？　言われてやっと、気づくなんて……。

なんで、同じ量ぐらいずつ、盛りつけられないの？　バラバラすぎて、びっくり。

なんでこうなるの？

ゆかさんは、どう思っているのかな？

同じ量を配るのは、むずかしい

多いとか少ないとか言われても、同じ量を配ることはできない。だって、みんなはトレーをもって動いているんだもの。前の人に、どのくらい入れたのかわからなくなる。

みんなはどうして「足りなくなる」とか「あまりそう」とか想像できるの？

何がいけないのか、わからない

「もっと、ていねいに」とか「きれいに」とか言われても、どうしたらいいのかわからないよ。わたしは、ちゃんとやっているつもりだし、どういうところがだめなのか、具体的《ぐたいてき》に教えてほしいな。

ゆかさんには、同じ量を配るのがむずかしかったんだね。気づかなかったよ。

たしかに！ 給食当番って、意外《いがい》とむずかしいところがあるよね。

ゆかさんには、こんな特徴《とくちょう》があります。

知っておきたい
注意欠如・多動症（ADHD）

細かく注意をはらうことがむずかしい

細かく注意をはらうことがむずかしいゆかさんは、具と汁のバランスを考えたり、器《うつわ》を汚さないようにていねいによそったりすることができません。

そのため、行動がおおざっぱで、がさつに見えてしまいます。

集中力が続かない

とくに、単調《たんちょう》な同じ作業をくりかえすことが苦手なので、できるだけ早く終わらせたいという気持ちが強くなります。

イメージすることも苦手

ゆかさんはADHDだけでなく、自閉スペクトラム症（ASD）、さらに、少し学習障害（LD）の傾向《けいこう》があるのかもしれません。目でとらえて、量や空間《くうかん》をイメージすることが苦手なので、のこりの量をイメージしながら、同じ量をバランスよくよそうことができないのです。

とにかく、早く終わらせたい

みんなから「せっかち」「雑」とか言われるけど、どういうわけか「ゆっくり」「ていねいに」は、わたしにとってむずかしい。できるだけ早く、「ちゃっちゃと終わらせてしまいたい」という気持ちが、とても強いの。

わたしはみんなに文句を言われないように量を考えるけど、ゆかちゃんにはそれがむずかしかったんだね。

❻ ゆかさんの場合

こうすれば、うまくいきそう！

1 目安《めやす》をもてるようにする

ゆかさんには、量をイメージすることがむずかしいので、たとえばシチューを配るときには、「大きく2回まぜてから」「お玉に2杯《はい》ずつ」などと、最初《さいしょ》にルールを示すことにしました。

教えてもらったとおりにやったら、みんな同じぐらいの分量で入れることができたよ。

2 やってほしいことを具体的に伝える

「ていねいに」「きれいに」などという漠《ばく》然《ぜん》とした表現では、イメージしづらいので、「鍋とお玉と食器を近づける」「食器のへりにたれないように入れる」など、具体的にやってほしいことを伝えるようにしました。

なるほど！　「ていねいに」「きれいに」って、そういうことだったのね。

CHECK POINT

できるだけ具体的に指示《しじ》し、チェックするクセをつける

不注意の傾向が強く、作業がおおざっぱで雑な場合《ばあい》、やってほしいポイントは具体的に伝え、それがちゃんとできているか確認《かくにん》しながら、ていねいに仕事を終わらせるクセをつけていくことが大事《だいじ》です。

❶「何を」「どのように」「どこまで」やってほしいのか、本人に具体的なイメージが伝わるように、指示を出しているか。

❷「ていねいに」「きれいに」などの、わかりにくい表現で注意していないか。

❸作業がちゃんとできているか、確認するポイントを教えているか。

❹失敗したり、うまくいかなかった場合、本人が自分でカバーできる方法や、まわりが手伝える体制があるか。

3
作業をチェックするポイントを示す

- 汁と具がバランスよく入っているか
- 食器のへりにたれていないか
- トレーにこぼれていないか
- 足りなかったら具や汁を足す
- お皿やトレーが汚れていたら、ふきんでふく

「汁と具がバランスよく入っているか」「食器のへりにたれていないか」「トレーにこぼれていないか」など、チェックするポイントを示しました。そして、「足りなかったら具や汁を足す」、「お皿やトレーが汚れていたら、ふきんを使ってふく」など、フォローの方法も教えました。

量が少なかったり、トレーにこぼしたり、失《しっ》敗《ぱい》してもカバーすればいいんだね！安心《あんしん》した。

7 じゅんさんの場合

とにかく走る、そしてぶつかる

4年生のじゅんさんは、おちつきがないみたい。なぜかわからないけど、いつも走ってる。しかも、すぐには止まれないから、人にぶつかることが多い。ふつうにしていてもあちこちぶつかるのに、動きもムダにオーバーなんだ。今日も、みゆきさんにランドセルをぶつけてた。あぶないし、迷惑《めいわく》だよ！

なんで、いつも走っているの？

じゅんさんは、ともだちや楽しいことを見つけると、すぐに走るし、とにかく片時《かたとき》もじっとしていられません。

毎朝のように走って登校してくるし、廊下《ろうか》も走ってしまうので、いつも先生に「走るな！」って怒鳴《どな》られています。

動きがオーバーで、迷惑だよ

それに、ただでさえ体が大きいのに、いちいち動きがオーバーなのです。

「起立《きりつ》！」で立つときも、なぜか派手《はで》に足をあげたり、腕《うで》をぶんぶんふったりするので、となりの席《せき》のみゆきさんは、迷惑そう。

まわりの人が思うこと

じゅんさんって、なんで、いつも走ってるのかな？　力がありあまってるの？

何度《なんど》も「走るな！」と注意しているけど、まったく聞く耳をもってくれないんだよな。

座っていても、おちつきがない！

授業中《じゅぎょうちゅう》、座っているときも、じゅんさんはおちつきがなくて、体をゆすったり、つくえをガタガタ鳴らしたり、少しもじっとしていられないのです。みゆきさんが「やめて！」って注意すると、「うるせぇ！」ってこわい顔でにらみつけてきます。

ランドセルをふりまわさないで！

帰りの会の時間も、先生が「さぁ。帰りのしたくをして！」と声をかけたとたん、教室のロッカーまでダッシュ！　そんなに急ぐ必要はまったくないのに……。

おまけに、せまいつくえとつくえの間《あいだ》を通らなければならないので、あちこちぶつかっています。にもかかわらず、ランドセルをぶんぶんふりまわしながら、自分の席にもどってくるのだから、あぶなっかしくてたまりません。

みゆきちゃん、泣いちゃったよ……

先生が、「じゅーん。気をつけろ」と注意した矢先《やさき》のこと。ランドセルをつくえの上に置こうとして、思いっきりふりまわしたものだから、みゆきさんにぶつかってしまいました。みゆきさんは、痛さとショックで泣きべそをかいています。

「ランドセルをぶつけたー」「あぶないって言ったのに！」「みゆきちゃんがかわいそう」と、みんなからひなんごうごう。さすがのじゅんさんも、しゅんとしています。

じゅんさんがうるさくて、授業に集中《しゅうちゅう》できないよ。

せまいところを通るんだから、もう少しみんなにも気をつかってほしいよね。

見ていてあぶなっかしいし、迷惑だし、トラブルの種になっているよ。なんとかしなくちゃね。

7 じゅんさんの場合

なんでこうなるの？

じゅんさんは、どう思っているのかな？

じっとしているのは、むずかしい

目的《もくてき》のものが見つかると、考える前に走り出してしまう。せっかちなのかな？ ブレーキをかけたり、スピードを落したり、そんなことはできないんだ。

つくえに座っているときも、どうしてもじっとしていられない。なんだかそわそわしておちつかなくて、つい、動いてしまうんだ。

体がどう動いているのか、わからない

だけど、自分の体がどう動いているのか、よくわからない。派手に足をあげてるとか、体をゆらしているとか、ランドセルをふりまわしているとか、まわりから言われて、「そうだったのか！」って、はじめて気がつくんだ。自分でも意識《いしき》してやってるわけじゃないんだよ。

そういえば、うれしくて、つい走りだしちゃうことってあるよね。じゅんさんは、それが「いつも」なんだ。

じゅんさんの話を聞いて、ランドセルをぶつけたのは、わざとじゃなかったんだってわかったよ。

じゅんさんには、こんな特徴《とくちょう》があります。

知っておきたい
注意欠如・多動症(ADHD)

じっとしていられない

じゅんさんは典型的《てんけいてき》な多動です。いつもおちつきがなく、じっとしていることができません。このタイプの子は、低学年では、席をはなれてうろうろしてしまったり、教室を出て行ってしまうこともあります。けれども、成長とともにおちついていき、大人になるとあまり目立たない程度におさまることが多いといわれています。

結果を考えないで、動いてしまう

多動＋衝動性《しょうどうせい》も強いため、何かを見つけるとすぐに走りだす、高いところから飛び降りるなど、その場のできごとにすぐに反応してしまいます。その行動で何がおきるか考えたり、行動にブレーキをかけたりすることが苦手なので、あぶないことをやって、まわりをハラハラさせる場合《ばあい》もあります。

体のコントロールができない

自分の体がどんなふうに動いているのかに注意をむけ、コントロールする働《はたら》きが弱いようです。ですから、無意識のうちにオーバーな動作をしてしまうこともあります。一方で、授業中に手足をそわそわ動かしたり、もじもじする子の場合、体を動かし脳《のう》に刺激《しげき》を送ることで集中力をたもっている場合もあります。

動きのコントロールができない

そんな感じだから、自分で動きをコントロールするのがむずかしい。「やめて!」って注意されると、そのときはストップできる。でもまたすぐに、同じことをしてしまうみたい。「また!」とか「さっき注意したのに」と言われるけど、本当にわざとじゃないんだよ。

たしかに、自分の体がどう動いているのかがわからないのなら、コントロールすることもできないね。

❼ じゅんさんの場合

こうすれば、うまくいきそう！

1 動いてもいい場面《ばめん》をつくる

じゅんさんは、長い間すわっていると、エネルギーがあまってしまい、じっとしていられないようです。少し体を動かすとおちつくようなので、プリントを集める係《かかり》をたのんだり、道具《どうぐ》を配《くば》ってもらったり、授業中に動いてもいい時間をつくるようにしました。

「たいくつだなぁ」ってソワソワしはじめたタイミングで、お手伝《てつだ》いができたから、そのあとの授業にも集中できた！

2 動く前に言葉《ことば》をかける

じゅんさんが動きはじめてから、ストップするのはむずかしいので、できるだけ動く前に声をかけることにしました。また、たんに「あぶない！」「おちついて！」では、どうしていいのかわからないようなので、「つくえとつくえの間を歩くときには、体を細く」、「ランドセルをつくえの上にのせるときには、音を小さく」など、具体的《ぐたいてき》に伝えます。

「体を細く」をおぼえたら、つくえや人とぶつかることが、少なくなってきたかも。

書 名 お買上の本のタイトルをご記入下さい。

◆上記の本に関するご感想、またはご意見・ご希望などをお書き下さい。
文章を採用させていただいた方には図書カードを贈呈いたします。

◆よく読む分野（ご専門）について、3つまで○をお付け下さい。

1. 哲学・思想　2. 世界史　3. 日本史　4. 政治・法律
5. 経済　6. 経営　7. 心理　8. 教育　9. 保育　10. 社会福祉
11. 社会　12. 自然科学　13. 文学・言語　14. 評論・評伝
15. 児童書　16. 資格・実用　17. その他（　　　　）

〒
ご住所

Tel　（　　）

お名前《ふりがな》　年齢　歳　性別　男・女

ご職業・学校名
（所属・専門）

Eメール

ミネルヴァ書房ホームページ　http://www.minervashobo.co.jp/
＊新刊案内（DM）不要の方は × を付けて下さい。 □

料金受取人払郵便

山科局承認

1695

差出有効期間
平成31年11月
30日まで

郵 便 は が き

6 0 7 - 8 7 9 0

(受　　取　　人)

京都市山科区
日ノ岡堤谷町１番地

ミネルヴァ書房

読者アンケート係 行

◆ 以下のアンケートにお答え下さい。

お求めの
書店名＿＿＿＿＿＿＿＿市区町村＿＿＿＿＿＿＿＿＿＿＿＿書店

* この本をどのようにしてお知りになりましたか？ 以下の中から選び、３つまで○をお付け下さい。

A.広告（　　　　）を見て　B.店頭で見て　C.知人・友人の薦め
D.著者ファン　E.図書館で借りて　F.教科書として
G.ミネルヴァ書房図書目録　H.ミネルヴァ通信
I.書評（　　　　）をみて　J.講演会など　K.テレビ・ラジオ
L.出版ダイジェスト　M.これから出る本　N.他の本を読んで
O.DM　P.ホームページ（　　　　　　　　）をみて
Q.書店の案内で　R.その他（　　　　　　　　）

CHECK POINT

多動や衝動性を、長所に変えていくために

多動＋衝動性が強いタイプの子は、トラブルメーカーとしてみられがちですが、長い目でみれば、その行動力や発想力《はっそうりょく》をいかして、才能《さいのう》を開花《かいか》させることができるかもしれません。うまく自分をコントロールすることができるように、手助けしていきましょう。

❶エネルギーをもてあますことがないように、活動できる場面をつくっているか。

❷動きはじめてから制止《せいし》するのではなく、動く前に、「どうやってほしいのか」イメージを具体的に伝えているか。

❸どんな動きがNGで、どんな動きがOKなのか、実際にやって見せるなど、本人にわかるようなお手本を示せているか。

❹本人が自分をコントロールできたときに、プラスのフィードバックをしているか。

3 意識できるよう、動作や動き方を実演《じつえん》する

自分がどう動いているのかがわからないようなので、オーバーな動きやむだな動きをしたときに、「今、あぶない動きだったよ」と伝え、その動作をまねして見せてみました。そのあとに「こうするほうがいいよ」と、お手本になる動き方も実演します。じゅんさんが自分の動きを調整できたときには、「今のでOK」と、教えました。

お手本をみて、自分が人とちがう動きをしていたことに、やっと気がつけたよ。

8
じゅんさんの場合

すぐにカッとなってしまう

いつもみんなを笑わせてくれる、楽しいじゅんさんなんだけど、ちょっとキレやすい。昨日《きのう》もそうじの時間、ずっと、ふざけて遊んでばかりいるから、あゆみさんが、「まじめにやってよ」って注意しただけで、「うるさい！」って逆ギレ。ほうきをふりまわすし、バケツもたおしちゃうし、教室が水びたしだよー！

じゅんさんは、ちょっとこわい……

体も大きく、どんなときだって元気いっぱいのじゅんさん。いつもは楽しいキャラなのですが、短気なところがあり、一日に一度はキレてしまいます。きっかけは、ちょっとしたこと。

注意をしたら、逆ギレ！

この間《あいだ》は、となりの席《せき》のみゆきさんの消しゴムをだまって使ってしまい、みゆきさんが「わたしの消しゴムとらないで」って注意したら、「うるさい。チビ！」と、みゆきさんをつきとばしてしまいました。どう考えても、みゆきさんは悪くないのに、じゅんさんはプンプンおこっています。

まわりの人が思うこと

人のものを勝手に使っておいて、注意するとおこったり、あばれたりするんだよ。ひどくない？

いつもおもしろいじゅんさんなのに、おこると「チビ」とか「デブ」とか、人のいやがることを言うことが多いよね。

そうじの時間も大変《たいへん》なことに……

昨日のそうじの時間も、じゅんさんが大暴れ。

じゅんさんが、いいかげんにほうきを動かしながら、ぺちゃくちゃおしゃべりしているのを見かねて、班長《はんちょう》のあゆみさんが「遊んでいないで、まじめにやってよ」と、注意したのです。

すぐにおこるし、あばれるし、手がつけられない

そしたら、じゅんさん。「なんだとー。このメガネ！」と、ほうきをふりまわし、あゆみさんにキック！　とっさに逃げたあゆみさんは無事だったのですが、ほうきが水の入ったバケツにあたって、教室は水びたしになってしまいました。

どう考えてもじゅんさんが悪いのに、「おまえのせいだぞ！」と、またしても、あゆみさんに逆ギレ。あまりのけんまくに、あゆみさんは泣きだしてしまうし、みんなはぼうぜんとしています。

どうして、乱暴《らんぼう》してしまうの？

さわぎを聞きつけた先生が、「何があったんだ？」と、やってきました。状況《じょうきょう》を知った先生が、「じゅん、乱暴はいけないよ」って注意したら、「うるせー、オッサン！」と叫んで、じゅんさんは教室を出て行ってしまいました。

わたしは、じゅんさんがほうきを動かしているだけで、ちゃんとはいていなかったから、注意したんだよ。

体の大きいじゅんさんに、怒鳴《どな》られるとこわいよね。あゆみちゃんがかわいそう！

ふだんは、やさしい子なんだけど、おこると手がつけられなくなるんだ。困ったな。

8 じゅんさんの場合

なんでこうなるの？

じゅんさんは、どう思っているのかな？

悪気《わるぎ》はないけど、忘れてしまう

使いたいものがあると、人のものでも使うことがある。盗《ぬす》む気なんてないけど、返すことを忘れてしまったんだ。悪気はないから、「とった!」って言われると、悔《くや》しいよ。

本当は「ありがとう」「ごめんなさい」って、言えるといいんだけど。

やっているつもりなのに、注意される

いっしょうけんめいやっているのに、「まじめにやれ」とか「ふざけないで」とか、言われることがある。そうじだって、ぼくはちゃんとやっていたつもりなのに、注意されて、腹が立った。なぜだかわからないけど、いつもぼくだけおこられるんだよ。

そうだったんだ。じゅんさんのこと、誤解してたかも。

そう言われてみると、じゅんさんばかり、よくしかられているよね。行動が目立つのかな。

じゅんさんには、こんな特徴《とくちょう》があります。

知っておきたい
注意欠如・多動症（ADHD）

衝動性《しょうどうせい》が強く、カッとしてしまう

　じゅんさんのように衝動性が強いタイプの子は、すぐに手が出たり、危険なことをやってしまったり、順番《じゅんばん》を待つことができなかったり、まわりをハラハラさせる行動が目立ちます。けれども、成長するにつれ、おちついて行動できるようになっていきます。

怒りのコントロールがむずかしい

　とくに感情《かんじょう》のコントロールがむずかしく、短気で、すぐに暴力をふるってしまったり、ものをこわしたりしてしまう人もいます。興《こう》奮《ふん》しているときには、自分を抑《おさ》えることができないのですが、あとから後悔したり、反省《はんせい》したりしているのです。

しかられることで、自信《じしん》をなくしやすい

　冒険心も豊《ゆた》かで活動的なのですが、行動が目立つため、まわりからしかられたり注意されたりすることが多く、「自分ばかりおこられる」「先生からきらわれている」などと思いこみ、自信をなくしています。

考える前に、手が出てしまう

注意されたり、いやなことを言われたりしたときに、どうしたらいいのかわからなくなって、考える前に手が出ちゃうんだ。つくえをひっくりかえしたり、壁《かべ》をけったり、何かに怒《いか》りをぶつけると、少しスカッとするのかも。あとになって、気持ちがおちついてから、「また、やってしまった」って思うんだけど、そのときは止められない。

自分でも気持ちをコントロールできなくなって、あとになって後悔《こうかい》してたんだね。

8 じゅんさんの場合

こうすれば、うまくいきそう!

1 みんなで協力《きょうりょく》できるよう、ルールを確認《かくにん》する

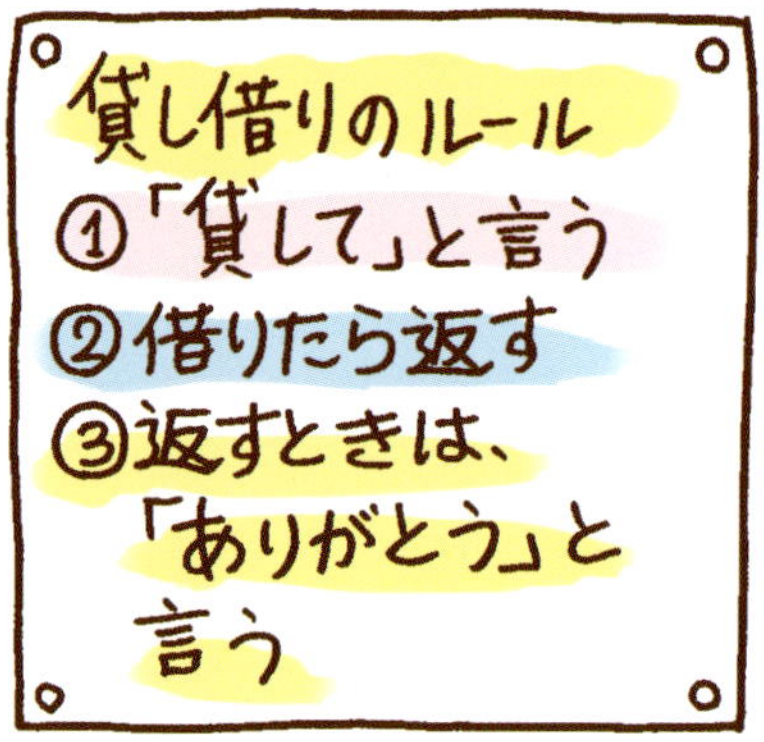
貸し借りのルール
①「貸して」と言う
②借りたら返す
③返すときは、
「ありがとう」と
言う

悪気がないのに人を不快《ふかい》にさせないよう、人のものを借りるときには「貸して」と言う、借りたら返す、そうじでは「ほうきを使うときは、ゴミを集めながらはく」など、ルールを確認し、伝えました。

ルールがわかったから、「貸して」「ありがとう」って言えるようになったよ。

2 おだやかな伝え方を心がける

じゅんさんは、強い口調や、いやな言い方をされると、カッとなってしまうようです。クラスのみんなにそのことをわかってもらい、じゅんさんに話すときには、できるだけ、おだやかな伝え方をするようにしてもらいました。とくに、興奮しているときには、注意したり、おこったりせず、まわりがおちついて、先生をよぶように教えました。

みんなとおだやかに話せるようになったから、けんかが少なくなったんじゃないかな。

CHECK POINT

少しずつ、おちついて行動できるように

衝動性が強く、怒りのコントロールがむずかしいタイプの子も、まわりがうまく対応《たいおう》していくことで、少しずつおちついて、行動できるようになっていくはずです。頭ごなしにしかるのだけは、さけましょう。

❶どうすればうまくいくのか、そのためにはどんなルールをつくればいいのかを考え、方法を共有できているか。

❷本人が興奮しているときに、まわりがおちついて対応できているか。

❸頭ごなしにしかる、一方の言い分だけ聞いてジャッジするなど、火に油をそそぐようなことをしていないか。

❹おちついているときに、行動をふりかえり、次の機会《きかい》にいかせるフィードバックをおこなえているか。

3 おちついて、ふりかえるようにする

じゅんさんの気持ちがおちついているときに、「どうしてこうなったのか」「どうすればよかったのか」「今度《こんど》、同じことがあったらどうするのか」について話し合いました。そして、「あやまる」「片付《かたづ》ける」など、自分がやったことの責任をとり、みゆきさんやあゆみさんと仲直りをしました

モヤモヤしていたから、仲直りができてよかった。同じ失敗《しっぱい》はしないよ！

9 じゅんさんの場合

テンションがあがると、がまんできない

行動力バツグンのじゅんさんだけど、あと先考えずに行動しちゃうから、失敗《しっぱい》も多い。この間《あいだ》は、校外学習で博物館《はくぶつかん》に行ったんだけど、興奮《こうふん》して大暴走! 列に並ばずわりこんじゃうし、立《た》ち入《い》り禁止《きんし》のところに入っちゃうし……。自由すぎて、先生も困っているよ。

博物館にミイラを見に行くよ

みんなが楽しみにしている校外学習。今回は、古代史《こだいし》博物館に見学に行くことになりました。博物館が大好きだというじゅんさんは、「展示《てんじ》してあるミイラは、エジプトのものなんだって!」と事前《じぜん》学習もばっちり。朝からはりきっています。

じゅんさん、待って! どこに行くの?

先生によるオリエンテーションが終わり、グループに分かれて、博物館をめぐります。じゅんさんのグループは、まずはエジプト館を中心に見学する予定《よてい》になっていたのですが、先生の話が終わるやいなや、じゅんさんは一人で走りだしてしまいました。

まわりの人が思うこと

じゅんさんがテンションあがっているときは、かならず何かがおきるのよね。

じゅんさんって、楽しいことを思いつく天才! 発想《はっそう》がユニークで、アイデアもいっぱいなんだけど、ときどき暴走する。

じゅんさん、列に並ぼうよ……

あわてていっしょのグループのとみかさんたちが追いかけます。けれども、みんなのことはおかまいなく猛《もう》ダッシュ！　たどりついたのは、特別《とくべつ》展示室のミイラのコーナー。順番《じゅんばん》待ちの長い列ができていたのですが、じゅんさんは人込《ひとご》みをかきわけぐいぐいわりこみ、ミイラのウィンドウにかぶりつきです。見ていたみんなは、ハラハラ。

立ち入り禁止の看板《かんばん》も、ムシ?!

「じゅん。並ぼうよ！」「わりこんじゃダメだよ！」、みんなの声かけで、まわりの冷たい視線《しせん》に気がついたじゅんさんは、「ごめんごめん」と、ウィンドウからはなれてくれました。ホッとしたのもつかのま、今度《こんど》は、「立ち入り禁止」と書いてある看板をムシして、お墓《はか》を再現《さいげん》したブースに入っていきます。「さわらないでください」と書いてある展示物をさわったり、とびらをあけて中をのぞいたり、やりたいほうだい。かけつけた学芸員《がくげいいん》さんに、「立ち入り禁止です！」と注意されてしまいました。

あげくのはてに、「つまんなかった」だって……

自由すぎるじゅんさんに、グループの子たちも先生も、どっとつかれてしまったのですが、本人はまったく気にしていない様子《ようす》。展示にあきてしまったらしく、大きな声で「思ったより、つまんなかったね」って。みんなはギョッとしてしまいました。

あんなにたくさん並んでいるのに、ぐいぐい横入りしちゃうんだ。だいたんすぎる！

「立ち入り禁止」「さわらないでください」って書いてあっても、おかまいなしだから、見ていてハラハラしちゃったよ。

何をしでかすかわからないから、じゅんさんから目がはなせない。引率《いんそつ》も大変《たいへん》なんだよね。

⑨ じゅんさんの場合

なんでこうなるの？

じゅんさんは、どう思っているのかな？

わかってるけど、がまんできない

「わりこみはいけない」ってわかっている。でも、どうしても見たいものや、さわりたいものがあると、がまんできなくて、気づいたら、もうやっちゃっているんだ。

ぼくがやってしまったことで、みんなに迷惑《めいわく》をかけていたら本当にごめんなさい。

待てるおまじないって、あるかなぁ

あとになって、失敗したことに気づく。「もう少し考えればよかった」「人に迷惑かけちゃったかも」「言わなきゃよかった」って後悔《こうかい》するんだけど、なぜだか、そのときは止められない。「ああ。まただ……」「とほほ」って感じ。

じゅんさんは、やりたいほうだいしているのかと思っていたけど、あとから反省《はんせい》していたんだね。

ぼくもときどき、あわてて失敗することがあるけど、じゅんさんは毎日のように、何かやらかしちゃってるからね……。

じゅんさんには、こんな特徴《とくちょう》があります。

知っておきたい
注意欠如・多動症(ADHD)

まわりのものが目に入らない

じゅんさんは「見たい」と思ったら、人が並んでいても目に入らず、一直線に見に行ってしまうようです。同じように「さわりたい」と思ったら、「立ち入り禁止」の看板や「さわらないで」のプレートも目に入りません。

夢中《むちゅう》になるとブレーキがきかなくなる

とくにテンションがあがってしまったり、好きなものに夢中になったりしてしまうと、ブレーキがききにくくなるため、校外学習、運動会、学芸会などの行事《ぎょうじ》で失敗してしまうことが多いようです。

あとから反省している

けれどもけっして、人の迷惑をかえりみず、やりたいほうだい、自由にふるまっているわけではないのです。あとから、自分の失敗に気づいて、反省したり、落ちこんだりしています。あやまるタイミングをうしなって、もんもんとしていることもあるのです。

しかられてばかりだと、へこむ

「なんで、そんなことするの？」とか、「どうして、まわりがギョッとするようなことをやっちゃうの？」とか、聞かれても答えられない。理由《りゆう》なんて、わからないよ。

どうしてブレーキがかけられないのか、ぼくのほうが知りたいくらい。

たしかにびっくりすることも多いけど、じゅんさんの行動力は、すごいなって思うよ。

こうすれば、うまくいきそう！

1 気づけるように工夫《くふう》する

ミイラは列に並んで見るんだよ
ミイラ展示

やりたいことがあると、まわりが見えなくなるじゅんさんのために、「ミイラは大人気《だいにんき》だから、列に並んで見るんだよ」など、できるだけ事前《じぜん》に教えておくことにしました。その場でも、「ダメ」としかるだけでなく、「ほら。みんな待っているでしょう」と、じゅんさんが気づけるように伝えます。

「ミイラを見るときは並ぶ」って、前もってわかっていたから、がまんして順番を待つことができたんだ。

2 待つための工夫をする

ほら、この列に並んで
この線の上ね

じゅんさんが見通しをもって待てるように、「あと十分くらい並ぼうね」など声をかけ、「この線の上に立って、待とうね」と、わかりやすく伝えました。また、じゅんさんといっしょに動いてくれる子を決め、ペアで行動してもらうことにしました。

早く見たくって、イライラしてたけど、先生が「あと10分」って教えてくれたから、がんばれた！

CHECK POINT

がまんできないタイプには、ダメ出しよりOKサインが大事《だいじ》

行動を抑《おさ》えるのがむずかしいタイプの子にダメ出しばかりしていても、がまんできるようにはなりません。少しずつ、自分の行動を抑えられるようになるためには、「少しがまんしたら、うまくいった」という経験《けいけん》をつんでいくことが大切《たいせつ》です。

❶「ダメ」「やらないで」「さわらないで」など、ダメ出しばかりになっていないか。

❷「がまんしたら、うまくできた」という機《き》会《かい》をつくっているか。

❸うまくいったときや、ブレーキをかけられたときに、「できたね！」「待てたね！」と、伝えているか。

❹本人ががまんできるよう、前もって情報提《じょうほうてい》供《きょう》したり、「あと○分くらいだよ」などの声かけをしているか。

3
うまくいったときに、ＯＫサインを出す

ともすれば「わりこんじゃダメ!」「入っちゃダメ!」「さわっちゃダメ!」と、ダメ出しばかりをすることになってしまうので、できるだけうまくいったときに「がまんできたね」「並べたね」など、ＯＫサインを出すことを心がけました。

先生から、「がまんできたね！」って、OKサインがもらえてうれしかったよ。

⑩ むつみさんの場合

ぼうっとしていることが多い

6年生のむつみさんは、ちょっとふしぎな子。おっとり、のんびりしているのはいいんだけど、なぜか、いつも、ぼうっとしている。授業中《じゅぎょうちゅう》も何か、もの思いにふけっていたり、先生の質問《しつもん》に答えられなかったり、大切《たいせつ》な係《かかり》の仕事を忘れちゃったり。やる気がないのかなぁ。まじめにやろうよ！

ちゃんと授業を聞いているのかな？

5時間目は理科の授業。担任《たんにん》のともえ先生が、葉っぱの観察《かんさつ》について説明《せつめい》しています。だけど、むつみさんは、最近《さいきん》クラスにやってきたハムスターが気になるみたい。先生が話しているのに、ずっとニコニコしながら、ハムスターを見ています。

先生の質問に、あたふた……

先生が「むつみさん。この葉っぱのスジはなんと言いますか？」と質問したのですが、ちゃんと先生の話を聞いていなかったむつみさんは、答えることができません。となりの席《せき》のわかなさんが、小さな声で「葉脈《ようみゃく》だよ！」と教えます。

まわりの人が思うこと

むつみちゃん、ハムスターがグルグルまわるのを見ているのが、大好きみたい。

ハムスターを見ているときは、もしかしてわたしの話が聞こえていないのかしら。

むつみちゃん。葉っぱをかくんだよ

「それでは教科書《きょうかしょ》の写真をみながら葉脈をかいて」。先生が指示《しじ》すると、みんなはいっせいにかきはじめます。けれどもむつみさんは、なかなかかこうとはせず、ぼんやりしています。わかなさんから「早くかいたほうがいいよ」と声をかけられ、やっとかきはじめたのですが、集中力《しゅうちゅうりょく》が続かないみたい。たびたび手が止まっています。

結局《けっきょく》かけないまま、おしまい

先生が、「みんなかけたかな？」と声をかけると、みんなはいっせいに「はーい！」と元気に返事をしますが、むつみさんはうわのそら。先生が、「じゃあ、花壇《かだん》を観察しに行きましょうね」と声をかけ、絵をかく時間は終了してしまいました。

花壇のダリアが枯れているよ！

花壇に観察に行ったところ、事件《じけん》が発覚《はっかく》しました。なんと、大事《だいじ》に育てていたダリアが枯れていたのです。この間《あいだ》まで水やり係だったれんさんが、「先週まで咲いてたよ。今週の係はだれ？」と聞きます。みんながいっせいに、むつみさんに注目！

そう……。今週の水やり係は、むつみさんでした。どうやら毎朝、花壇に水をやるのを忘れていたようです。むつみさんは真っ赤になって、「ごめんなさい……」と、しどろもどろ。みんなは、「むせきにんだよ」「まじめにやってよ」とおこっています。

授業中も、ときどき、心ここにあらずっていう感じなのよね。

「早くかいたほうがいいよ」って声をかけると、かきはじめるんだけど、またハムスターが気になるのかな？

むつみさんは、ハムスターにエサをやるのを忘れたこともあったよね。いつもこんな感じだと、仕事をまかせられないよ。

⑩ むつみさんの場合

なんでこうなるの？

むつみさんは、どう思っているのかな？

頭の中は空想でいっぱい

おっとりしているとか、おとなしいって言われるけれど、わたしの頭の中は、いつもいろんな空想がごちゃごちゃしていて、すごくにぎやか。たくさんのことを考えているんだよ。「ハムスターにはきょうだいがいたのかな」とか、「前世《ぜんせ》はなんだったのかな」とか考え出すと止まらなくなる。

やる気スイッチが入らない

いつも半分は空想の世界にいるみたい。現実の世界では、すぐに「やる気スイッチ」が入らないの。先生の話も聞こえていなくて、「あっ」ってわれに返ることがある。指示されてもどこから手をつけたらいいのかわからなくて、なかなかはじめられなかったり、同じことを続けられなかったりする。

むつみちゃんは、想像力が豊《ゆた》かだものね。ハムスターの前世を考えるなんて、むつみちゃんらしい。

ぼんやりした子だなぁと思っていたけど、授業中でも空想を止めることができないのね。

むつみさんには、こんな特徴《とくちょう》があります。

知っておきたい
注意欠如・多動症(ADHD)

ぼんやりしてるけど、想像力は豊か

むつみさんはADHDの中でも、とくに不注意が目立つタイプのようです。ぼうっとしていて失敗《しっぱい》が多いのですが、想像力が豊かで空想の世界に入りこみ物語《ものがたり》をつくるのが得意《とくい》です。

集中力が続かない

気が散ってしまい、授業に集中できなかったり、先生の話を聞いていなかったり、時間内に作業《さぎょう》を終わらせることができなかったり、学校でもさまざまな場面《ばめん》で苦労しています。

さぼっているつもりはない

ついつい集中できずに、別のことを考えたり、ハムスターにみとれたりしてしまうのですが、ふまじめなわけでも、さぼっているつもりもありません。本人は、自分なりにいっしょうけんめいで、まじめに取り組んでいるのです。

なまけているつもりはないの

「なまけている」「ふまじめ」「ぐず」「のろま」とか言われると、かなしい。がんばる気持ちはあるし、がんばっているつもりなの。先生の話をしっかり聞いて、てきぱき行動できて、係の仕事もきちんとできて、いつも、しゃっきりできたらいいなぁ。

おっとりしているのは、むつみさんの長所でもあるよね。

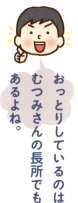

こうすれば、うまくいきそう！

1 集中しやすい席を考える

窓の近くや、ハムスターのとなりだと、むつみさんはついついよそみをしてしまったり、よそみがきっかけで空想にふけったりしてしまうようです。本人と相談して、できるだけ集中しやすくて、先生の話を聞きとりやすい席に移動《いどう》しました。

ハムスターがグルグルまわりはじめると、気になって、べんきょうに集中できなかった。ハムスターには休み時間に会いにいくね。

2 やることと、時間をはっきり伝える

むつみさんは終わる時間や手順《てじゅん》がわかっていないと、ゆったりしてしまうようです。なので、「葉っぱの絵をかいて下さい」「まず葉っぱをかいて、葉脈をかきます」「作業時間は、今から20分です」というように、「手順」「時間」をはっきり伝えることにしました。どのくらい作業時間がのこっているのかわかるように、タイマーを使うと安心《あんしん》です。

やることの手順と、終わりの時間がわかると、やる気スイッチが入りやすいみたい。

CHECK POINT

手順や時間をはっきり示し、できる経験《けいけん》をふやしていく

集中力が続かないタイプの子の場合《ばあい》、作業の手順や時間をはっきりさせ、場合によってはともだちや先生が手伝《てつだ》いながら、「できた！」という経験をふやしていくことが大切《たいせつ》です。

❶さわがしく、気が散るものが近くにある（廊下《ろうか》や窓のそばなど）、本人の集中力がとぎれやすい環境《かんきょう》になっていないか。

❷本人が、先のばしにしないよう、「何を」「いつまでに」「どこまでやるのか」わかりやすく手順と時間が伝わっているか。

❸タイマーを使う、「５分前だよ」と教えるなど、やる気スイッチが入るよう、ひんぱんに作業をうながしているか。

❹本人が大切な作業でミスをくりかえす場合は、ともだちとペアにするなど、工夫《くふう》をしているか。

3
大事なことは、ともだちとペアで

係の仕事は、一人だと忘れてしまうことがあるので、かならずともだちとペアでやってもらうことにしました。いっしょに大事なことをチェックすれば、うっかり忘れることはありません。

一人だと不安だけど、ともだちとペアなら安心してできるよね！

⑪
むつみさんの場合

うっかり約束《やくそく》を忘れる

むつみさんは、どうやら、ものおぼえが悪い。
約束を忘れたり、大切《たいせつ》なものを忘れたり、宿題《しゅくだい》を忘れたり、もちものを忘れたり……。
この間《あいだ》は、親友のわかなさんのために、おたんじょう会を計画したのに、
むつみさんが忘れて、計画がだいなし！　さすがに、「うっかり」にも、ほどがあるよ。

約束を忘れるのは、なぜ？

もうすぐ、むつみさんの親友のわかなさんのおたんじょうび。めんどうみがよくて、いつもむつみさんを助けてくれるわかなさんのために、むつみさんは、サプライズのおたんじょう会を計画しました。

おたんじょう会、楽しみだね！

わかなさんに喜《よろこ》んでもらいたくて、放課後《ほうかご》、むつみさんの家に集まり、プレゼントの花束《はなたば》を色紙《しきし》でつくります。色とりどりの花束はとてもかわいくて、みんなそのできばえに大満足《だいまんぞく》。わかなさんのおどろく顔を楽しみにしていました。

まわりの人が思うこと

二人は本当に仲良しだよね。いつも、むつみちゃんが忘れものをしたときに、わかなちゃんが貸してあげてるもの。

わかなさん。きっと喜ぶだろうな。むつみさん、グッドアイデアだよね！

まさか、むつみちゃんが来ないなんて……

わかなさんのおたんじょうびの日。みんなは児童館《じどうかん》で待ち合わせをしていました。わかなさんより先に児童館に行き、入口で待ちぶせして、サプライズでプレゼントをわたす計画です。けれども、約束の時間になっても、むつみさんがあらわれません。心配《しんぱい》したりえさんが電話をかけると、むつみさんは、のんびり「どうしたの?」ですって。なんとすっかり約束を忘れて、家でのんびりアニメを見ていたようなのです。

おたんじょうびを忘れちゃったの?

あわててかけつけたむつみさんですが、かんじんのプレゼントをもってきていません。せっかくつくった花束だったのに……。もうすぐ、わかなさんが来るはずなので、取りに戻《もど》る時間はありません。「急いでたから、忘れちゃったの。ごめんなさい」。もうしわけなさそうにあやまりますが、計画はだいなし。みんなはガッカリです。

宿題やプリントも、しょっちゅう忘れる……

ふだんから、むつみさんは、そんな感じなのです。大切な約束をすっぽかすことも多く、わかなさんが待ちぼうけをくらったことは、一度や二度ではありません。

宿題を忘れたり、プリントを出し忘れたり、体操服などもってこなければならない道具《どうぐ》を忘れたり、注意しても忘れものがなくならないので、先生も困っています。

まさか、わかなちゃんのおたんじょうびを忘れちゃったなんて。ちょっと、ありえない!

みんなで心をこめてつくった花束なんだよ。いくらなんでも、ひどすぎない?

ちゃんと人の話を聞いていないのかしら。本当に忘れものも多すぎるのよね。

⑪ むつみさんの場合

なんでこうなるの？

むつみさんは、どう思っているのかな？

大切にしていないわけじゃない

どうしてなのかわからないけど、大切なことも忘れてしまうの。「せっかく、みんなでつくったのに……」とか「わかなちゃんのことを大事《だいじ》に思っていないの？」とか言われると、自分《じぶん》のことがいやになる。どうしてこうなってしまうんだろうって、いつも終わったあとで考えてる。

あせると、よけいに忘れる

わかなちゃんのおたんじょう会を忘れていたことに気がついて、「早く行かなくちゃ！」って思ったら、プレゼントのことも忘れてしまった。いつも、そんな感じ。「ちゃんとしなきゃ」「約束を守らなきゃ」って思っているけど、プレッシャーがかかったり、あせったりすると、よけいに忘れてしまう。

わたしたちのことも、どうでもいいと思っているわけじゃないんだね。そのことがわかって、よかった。

ぼくたちがおこっていたから、むつみさん、よけいにあせって、頭の中が真《ま》っ白《しろ》になっちゃったんだね。

むつみさんには、こんな特徴《とくちょう》があります。

知っておきたい
注意欠如・多動症（ADHD）

大切なことをおぼえておけない

注意を持続《じぞく》させることが苦手なむつみさんは、大切なことをおぼえておくことができません。なので、約束をすっぽかしたり、遅刻《ちこく》したり、忘れものをしたりしてしまいます。

本人は、いっしょうけんめい

ぼんやりしていて、まじめにやっていないように見える場合《ばあい》もありますが、本人なりにいっしょうけんめいに、やっているつもりなのです。けれども、どうしてうっかり忘れてしまうのか自分でもわからないので、本人が一番困っています。

自信《じしん》をなくしてしまう

みんなから「うそつき」と責《せ》められたり、「また！」と冷たい目で見られたり、先生からしかられたりするたびに、本人は反省《はんせい》し、落ちこんでいます。けれども、どうしていいかわからないので、どんどん自信をなくしてしまいます。

言われて、気がつく

「花束は？」とか「宿題を出して」とか言われると、「あっ！忘れた」って気がつくけど、それまではすっかり忘れているの。みんなは、ちゃんと大切なことを、いくつも同時におぼえていられるんだね。すごいなぁ。

約束したことも、宿題があったことも忘れてしまうのね。どうしたらいいのかなぁ。

11 むつみさんの場合

こうすれば、うまくいきそう！

1 思い出せるように、工夫《くふう》する

約束したら、紙に書いてわたす、目につく場所にはっておく、手に書くなど、むつみさんが思い出せるように工夫しました。また、むつみさんにはメモがはれるスケジュール帳やスマートフォンなどを使って、管理《かんり》する方法を教えました。

自分でもメモをとる練習《れんしゅう》をしているけど、すぐになくしちゃう。ノートにはっておいたり、手に書くのは、いいかも。やってみよう。

2 できるだけ、ひんぱんに声をかける

大切なイベントがあるときには、約束した前の日や、直前《ちょくぜん》に、かならず声をかけることにしました。もちものや時間なども、前に伝えたことをちゃんとおぼえているかどうか、そのときにもう一度確認《かくにん》します。

「明日は、2時に待ち合わせだよ」って、みんなに声をかけてもらえて助かった！

CHECK POINT

ひんぱんに確認、失敗《しっぱい》はすぐに切りかえる！

うっかり忘れてしまうクセを、まったくなくすことはできませんが、少なくする工夫は可能《かのう》です。また、もし失敗しても、カバーする方法を考えられるように、みんなで協力《きょうりょく》できると、いいですね。

❶メモのとり方や保管《ほかん》の方法など、本人が自分で、約束やもちものを管理できるような手段を、教えているか。

❷前日や直前に声をかけ、思い出せるよう確認しているか。

❸うっかり忘れたことを、「ふまじめ」「どうして？」などと責めていないか。まわりのともだちに「わざとじゃない」ということを理《り》解《かい》してもらっているか。

❹失敗しても、気持ちを切りかえて、次のことを考えられるよう、サポートしているか。

3
うっかり忘れても、責めずに切りかえる

むつみさんが大切なことを忘れていた場合、ついついきびしくおこったり、「どうして」と責めたりしがちです。けれども、できるだけみんなで助け合い、次に「どうしたらうまくいくのか」をいっしょに考えることにしました。

みんなで話し合って、プレゼントは、土曜日にわたしの家で、わたすことになったよ。みんなで、わかなちゃんの好きなアニメをみることにしたんだ。楽しい予定《よてい》がふえて、よかった！

⑫ むつみさんの場合

片付《かたづ》けがじょうずにできない

むつみさんは、びっくりするほど整理整頓《せいりせいとん》が苦手。

つくえの中には、プリントやノートがぎゅうぎゅうに押しこまれていて、ぐちゃぐちゃ。

だから、大切《たいせつ》なものをなくしちゃうし、いつも何かをさがしているんだ。

だらしないのはみっともないし、もっと整理したほうがいいと思うよ!

国語のプリントが見つからない?

ある日の国語の時間、先生の都合《つごう》で自習《じしゅう》になり、昨日配《きのうくば》られたプリントをやることになりました。みんなはさっそくとりかかりますが、むつみさんはプリントをなくしてしまったみたい。ずっとさがしています。

ランドセルの中には、ないのかな?

いくらさがしても見つからないので、わかなさんが心配《しんぱい》して、「家にあるんじゃないの?」と聞いたところ、むつみさんは泣きそうな顔で「昨日は、ランドセルの中から何も出していない」と言います。

まわりの人が思うこと

昨日配られたばかりなのに、もう、なくしちゃったの?

ランドセルの中から出していないって、もしかして入れっぱなしなのかな……。

ぐちゃぐちゃだから、簡単《かんたん》にはさがせないよ！

ランドセルから出していないとしたら、学校にあるはず。わかなさんもいっしょにランドセルの中をさがしましたが、プリントは入っていません。「どこに入れたか思い出せない？」と聞くと、「つくえの中に入れたのかも……」と、むつみさん。

つくえの中は、ゴミ箱状態《じょうたい》……

つくえの中はほかのプリントやノートがぎゅうぎゅうに押しこまれていて、簡単にさがせる状態ではありません。とりあえず、中に入っているものを全部《ぜんぶ》出してみることにしました。そしたら、奥《おく》のほうから、ひからびたパンや、ずいぶん前に理科の実《じっ》験《けん》で使った電池《でんち》、図工の時間にかいたデッサンなど、いろんなものが次々と見つかってびっくり！　「まるで、ゴミ箱だね……」と、わかなさんもあきれています。

やっと、見つけたけど……

わかなさんが、しわくちゃになったプリントを一枚一枚、確認《かくにん》していきます。今はもう3学期なのに、夏休み前に配られたプリントや、終わった行事《ぎょうじ》のお知らせ、古いテストなどなど、たくさんの紙の中に、昨日のプリントを発見《はっけん》！　やっと見つかったのはいいのですが、ビリビリにやぶれてしまっていました。いくら整理整頓が苦手だといってもこんな感じでは、べんきょうにも影響《えいきょう》が出てしまいそうです。

整理しなさいって、何度《なんど》も声かけしてるんだけど、やる気がないのかしら。

ひからびたパンが出てくるなんて……。だらしないし、ちょっと不《ふ》潔《けつ》だよね。

ずいぶん前のプリントも、まだつくえの中に入れたままなんだ。どうして捨てないの？

⑫ むつみさんの場合

なんでこうなるの？

むつみさんは、どう思っているのかな？

捨てるタイミングがわからない

片付けが苦手で、なんでもかんでもとにかくつくえの中に押しこんじゃうから、どんどんものがあふれてしまう。

そもそも、何をどのタイミングで捨てたらいいのかもわからない。うちの部屋《へや》も同じ状態なんだ。どうにかならないかなぁ。

どうやったら整理できるの？

「片付けなさい」って言われても、何から手をつけていいのか、やり方がわからないの。みんなは、どうやっているの？　宿題《しゅくだい》のプリントとか、大事《だいじ》なものをなくさないように、わたしでも整理できるやり方を教えて。わかりやすくて、ずっと続けられる方法がいいな。

むつみちゃんの部屋もすごいの。お母さんに、いつも「何とかしなさい！」って、しかられているよね。

わたしは、だれかに習ったわけじゃないけど、自然《しぜん》に整理ができていた。むつみちゃんにはそれがむずかしいんだね。

むつみさんには、こんな特徴《とくちょう》があります。

知っておきたい
注意欠如・多動症(ADHD)

どんどん散らかってしまう

ADHDの人の中には、むつみさんのように、整理整頓が極端《きょくたん》に苦手な人がいます。「分類《ぶんるい》する」「順番《じゅんばん》に片付ける」「元に戻《もど》す」といったことがむずかしいので、どんどん散らかってしまいます。

片付けようとしても片付けられない

整理しようとしても、「どこから手をつけていいのかわからない」「他に気をとられて進まない」「よけいに散らかる」など、自分一人では、片付けることができません。

大事なものをなくしてしまう

どこに何をしまったのかをおぼえていなかったり、元の場所に戻すことを忘れていたりするので、大切なものをなくしてしまいます。そのため、いつも何かをさがしています。

本人は気をつけているつもり

むつみさんは、自分なりに気をつけているつもりなのです。なので、「だらしない」とか「また、なくしたの」などと言われると、そのたびに傷ついています。

だらしないって言われると傷《きず》つく

なんとかしたいって思っているのに、みんなから「だらしない」とか「汚《きたな》い」とか言われると、よけいに傷つく。だらしないって自分《じぶん》でも思う。

わたしのつくえだけぐちゃぐちゃだから、本当に見るのもいやになるの。

たしかに、みんなから「だらしない」「汚い」って言われ続けると、傷つくよね。

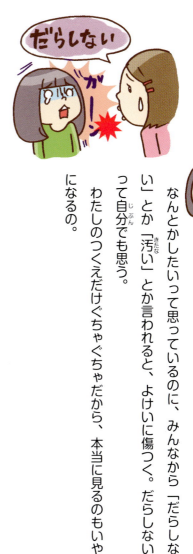

⑫ むつみさんの場合

こうすれば、うまくいきそう！

1

まずは、みんなで協力《きょうりょく》して片付ける

むつみさん一人では、だんどりよく整理することができないので、まわりの大人やともだちも協力して、片付けることにしました。ランドセル、ロッカー、つくえの中など、順番を決めて、整理し、ぐちゃぐちゃの状態からぬけ出しました。

どうすればいいのか、とほうにくれていたから、手伝《てつだ》ってもらえて助かったよ。

2

整理整頓のルールを設ける

先生と相談して、「教科ごとに色分けしたクリアファイルを用意《ようい》する」「宿題はクリアファイルにはさむ」「つくえの中に分類できないものを入れる箱をつくる」など、片付けルールを設けました。

きほんは、「置き場所を決めて、使ったら、そこに戻す」だね。がんばってみるね。

CHECK POINT

片付け、整理整頓は、スモールステップで！

くりかえししかったり注意したりしても、この特性は改善しません。また、パーフェクトを求めすぎると、ハードルが高すぎて、いつまでも片付けることができません。できることから少しずつ、協力しながら、取り組んでいきましょう。

❶片付ける場所、保管《ほかん》方法、捨てる日、捨てるものの基準《きじゅん》など、わかりやすい整理整頓のルールが示せているか。

❷とくに大事なものはなくさないように、置き場所を決めているか。

❸本人だけに任せず、まわりの大人やともだちが協力しているか。

❹本人が「捨てる」「捨てない」を判断できないときには、定期的にだれかがチェックしたり、アドバイスしたりできているか。

3 捨てる日をつくる

もちものを、ためこみすぎないようにすることも大切です。「毎週《まいしゅう》金曜日に、いらないプリントは捨てる」というルールも決めました。自分で判断《はんだん》できないときは、わかなさんに相談し、「捨てる」「捨てない」のアドバイスをしてもらうことにしました。

わからなくなっちゃったら、わかなちゃんに相談することにしたから、安心《あんしん》！

この本に出てくる４人のおともだちの、特徴《とくちょう》をふりかえってみよう！

4年生　かいとさん

- 忘れものが多い
- うっかりミスが多い
- 好奇心《こうきしん》おうせいだが、次から次へと興味《きょうみ》がうつりやすく、やるべきことがあとまわしになりがち

5年生　ゆかさん

- おしゃべりでエネルギッシュだが、人の話にわりこんだり、よけいなことを言ってしまったりする
- せっかちすぎるところがあり、行動ががさつで、おおざっぱ

4年生　じゅんさん

- おちつきがなく、じっとしていることができない
- すぐにカッとなりやすく、手をだしてしまうこともある
- がまんができず、列に並べない

6年生　むつみさん

- おっとりしていて、いつも、ぼうっとしている
- うっかり約束《やくそく》を忘れたり、大切《たいせつ》なことも忘れたりする
- 整理《せいり》が苦手で、片付《かたづ》けられない

第2章

どこがちがうの？
注意欠如・多動症（ADHD）の子の得意なこと・苦手なこと

注意欠如・多動症（ADHD）とは、どんな障害なのでしょうか。
どうして、うっかりミスや忘れものが多かったり、
がまんできなかったり、じっとしていられなかったり、
うまくいかないことが、目立ってしまうのでしょうか。
理由《りゆう》を知っておけば、いざというときに協力《きょうりょく》し合ったり、
助け合ったり、できるはずです。

1 注意欠如・多動症（ADHD）ってなに？ どんな人たちなの？

脳《のう》の中で情報《じょうほう》を伝えるしくみがみんなとちがう

日本語で注意欠如・多動症などとよばれているADHDは、その名のとおり不注意や多動などを特徴《とくちょう》とする障害です。

行動をコントロールする脳の働《はたら》き（実行機能）にかたよりがあるのではと考えられていますが、くわしい原因《げんいん》はまだわかっていません。最近《さいきん》の研究では、ADHDの人は脳の中で情報を伝える「ニューロン」や「神経伝達物質《しんけいでんたつぶっしつ》」などの働き方がちがうことがわかってきました。

そのため、第1章で紹介《しょうかい》したように、がまんができなかったり、じっとしていられなかったり、集《しゅう》中力《ちゅうりょく》が続かなかったり、大事《だいじ》なことを忘れてしまったり、日常《にちじょう》生活でさまざまな困りごとができてしまいます。ADHD自体《じたい》は生まれつきのものですが、園や学校で、ともだちとトラブルになる、べんきょうについていけなくなるなど、集団《しゅうだん》生活の中で課題《かだい》があらわれる小学校入学前後に、明らかになるケースが多いようです。

「多動」「衝動性《しょうどうせい》」「不注意」三つの特徴がある

ADHDの特徴は、主《おも》に次の三つに分類《ぶんるい》されています。

①多動（じっとしていられない、しゃべり続けるなど）
②衝動性（いきなり行動する、待つことができないなど）
③不注意（注意力が足りない、集中できないなど）

これらの特徴がすべて目立つこともあれば、どれかが目立つ場合《ばあい》もあります。

たとえば、かいとさんは不注意が目立ちますが、多動や衝動性もありそうです。ゆかさんとじゅんさんは、多動と衝動性が前面に出ているタイプ、むつみさんは不注意で困っていますが、多動や衝動性はあまりみられないようです。

こうした特徴が、学校と家など二つ以上の場で12歳までにあらわれ、日常生活に困りごとがある場合に、ＡＤＨＤの可能性があります。似た特性のある障害と区別するために、専門のお医者さんによる診断が必要になります。「眠れない」「危険な行動が多い」など、困りごとが健康や命をおびやかしている場合に薬を出してくれるのも、お医者さんです。

きびしくしかったり指導しても困りごとは変えられない

ＡＤＨＤの困りごとを、しつけや本人の努力《どりょく》だけでどうにかすることはできません。トラブルと思われてしまう行動も、けっしてわざとではなく、本人は「なんとかしたい」とがんばっているのです。

それをまわりがわかってあげられず、「乱暴者《らんぼうもの》」「悪い子」「しつけができていない子」などときびしくしかっても、効果がないばかりか、自信《じしん》や意欲《いよく》をうしなわせてしまう悪循環《あくじゅんかん》をまねきます。

ともだちからバカにされたり、トラブルにより孤立《こりつ》してしまうこともあり、本人は、「自分《じぶん》ばかりしかられる」「がんばっても、うまくいかない」「みんなに迷惑《めいわく》ばかりかけてしまう」「どうせ、自分なんて……」などと思い、学校に行きたくなくなってしまうこともあります。

生まれつきの特性だと理解《りかい》してサポーターになろう！

けれども、まわりが本人の努力や悩みを理解し、特性に合わせた工夫《くふう》をすることで、だんだん弱いところをカバーできるようになります。

そして、ゆっくりとでも、その人なりに成長し、自分をコントロールしていくことができるのです。

2 注意欠如・多動症（ＡＤＨＤ）の子には、どんな特徴《とくちょう》があるの？

三つの特徴からＡＤＨＤを理解《りかい》する

ＡＤＨＤにはいろいろな個性の子がいて、年齢《ねんれい》や所属《しょぞく》している集団《しゅうだん》によってもあらわれる課題《かだい》が変わってきますが、その特徴は、大きく「多動」「衝動性《しょうどうせい》」「不注意」の三つに分けられています。ＡＤＨＤの子がどんなことに困っているのか、あらためて、くわしく理解していきましょう。

特徴①じっとしていられず、いつも動いている「多動」

「多動」とは、その言葉《ことば》が示すとおり、動きが多いことです。本人は意識《いしき》していないのに、いつのまにか体が動いてしまいます。場面《ばめん》をわきまえずおしゃべりが止まらなかったり、早口《はやくち》で一方的《いっぽうてき》にしゃべり続けたりすること（多弁《たべん》）も、多動のひとつです。

動いていないと気持ちがおちつかなかったり、次々とやりたいことや話したいことが浮かんだりするため、じっとしていることができません。いくら注意されても、本人の努力《どりょく》ではセーブすることがむずかしいのです。

具体的《ぐたいてき》には、次のような状態《じょうたい》がみられます。

・手足をそわそわ動かしたり、いすの上でもじもじしていたり、つくえをガタガタゆらしたり、おちつきがない。
・集会などでうろうろしたり、授業中《じゅぎょうちゅう》に席《せき》をはなれたり、じっとしていなければいけない場面でも動いてしまう。
・おちついて、人の話を聞くことができない。
・一方的に早口でしゃべる。しゃべりだすと止まらない。
・走ってはいけない場所《ばしょ》で走りまわる。

特徴②結果を考えることなく、行動してしまう「衝動性」

「衝動性」とは、思いついたことについて、考える前に行動してしまうことです。

人が行動するときには、無意識《むいしき》のうちに、その結果を予測《よそく》しながら、動いています。たとえば高いところから飛び降りるときには、「このくらいの高さなら、だいじょうぶ」と判断《はんだん》してから、飛んでいます。けれども、衝動性が強いと、前もって考えることができず、「下に降りたい！」と思いついたら、どんなに高くてもおかまいなく飛び降りてしまうのです。つい危険な行動をしてしまったり、カッとなると手がでてしまったり、ブレーキをかけることができません。

具体的には、次のような状態がみられます。

・道路に飛び出す。高いところから飛び降りる。
・順番《じゅんばん》を待つことができない。わりこむ。
・好きなものや興味《きょうみ》のあるものを見つけると、がまんすることができない。
・ほかの人たちがやっていることをじゃましたり、さえぎったりしてしまう。
・質問《しつもん》が終わる前に、だしぬけに答えてしまう。
・内緒話《ないしょばなし》をうっかり人に話してしまう。
・「太ったね」といった、人がいやがることを言うなど、思いついたことをそのまま口にしてしまう。
・人が話しているのに、さえぎって話しはじめる。

特徴③ 一つのことに、しっかりと集中できない「不注意」

「不注意」があると、気が散りやすかったり、うっかりミスが多かったり、注意力や集中力《しゅうちゅうりょく》に課題があらわれます。

授業に集中できないだけでなく、大切《たいせつ》なものを忘れたり、なくしたり、約束《やくそく》が守れなかったり、日常《にちじょう》生活で次から次へと、さまざまなトラブルがおきてしまいます。

具体的には、次のような状態がみられます。

・一つのことに集中して、努力することができない。
・好きなこと、興味のあることが見つかると、やらなければならないことを忘れてしまう。
・授業中や遊んでいるときに、途中《とちゅう》で注意がそれて投げ出す、ゲームなどで自分の順番を忘れてしまうなど、最後《さいご》までやりとげることができない。
・音や話し声に敏感《びんかん》に反応《はんのう》する、刺激《しげき》にすぐに興味をしめすなど、気が散りやすい。
・学校のべんきょうなどで、細かいところまで注意をはらえなかったり、うっかりミスが多い。

・話しかけられているのに聞いていないように見える。
・宿題《しゅくだい》や活動を、順序《じゅんじょ》だてておこなうことが難しい。
・同じことをくりかえすのが苦手。
・指示《しじ》にしたがえないことがたびたびあり、反抗《はんこう》しているわけではないのに、宿題などを忘れる。
・授業に必要なものをなくしてしまう。忘れっぽい。
・連絡《れんらく》ノートの記入やプリントの提出など、毎日しなくてはならないことを忘れてしまう。
・大切な約束を忘れてすっぽかしたり、遅刻《ちこく》したりする。
・ルールがあることを忘れて、自分勝手《かって》と思われる行動をしてしまう。

ＡＤＨＤの特性には、よいところも、たくさんある！

学校では問題にされがちなＡＤＨＤの特性ですが、よい面もたくさんあります。たとえば、多動や衝動性が目立つ子の場合、教室《きょうしつ》で授業を聞いていなければならない場面では、「じっとしていられない」「授業のじゃまをする」などで、困った子のレッテルをはられがちです。けれども、広い社会に出れば「行動力がある」「エネルギッシュ」「活動的」「瞬《しゅん》発力《ぱつりょく》がある」「表現力が豊《ゆた》か」など、メリットにもなりえるのです。

また失敗やミスにつながりやすい不注意の特性も、「おっとりしている」「好奇心《こうきしん》おうせい」「想像力が豊か」「独創《どくそう》的《てき》」などの長所につながることがあります。

実際《じっさい》に、企業家《きぎょうか》として事業をたちあげたり、クリエイターとして創作《そうさく》活動をおこなったり、パイオニアとして新しい分野《ぶんや》を開拓《かいたく》したり、ＡＤＨＤならではの特性をいかして活躍《かつやく》している大人はたくさんいます。ですから、けっして「ＡＤＨＤ＝困った子」ではありません。

ＡＤＨＤの子が自分をじょうずにコントロールできるようになり、特性を強みに変えていくためには、苦手なことをサポートしながら、いいところを伸ばしていく、まわりの応援《おうえん》も大切なのです。

ＡＤＨＤのほかにも、さまざまな発達障害がある

日本では、ＡＤＨＤのほか、自閉スペクトラム症（ＡＳＤ）、学習障害（ＬＤ）、トゥレット症候群《しょうこうぐん》、吃音《きつおん》などが、まとめて発達障害とよばれています。

ＡＳＤは、コミュニケーションや想像力に特性がみられ、知的障害をともなう場合《ばあい》もあれば、ともなわない場合もあり、とても幅広《はばひろ》いため、「スペクトラム」ととらえられています。

またＬＤは、聞く・話す・読む・書く・計算する・推論《すいろん》するという、学習に必要な力にかたよりがあるのが特徴です。

発達障害のある子は、いろいろな特性をあわせてもっているケースも多いことが知られています。年齢や環境《かんきょう》などによっても、目立つところがちがうため、専門のお医者さんでも見分けることがむずかしい場合もあります。

3 みんなが楽しくすごせるように、何を手伝《てつだ》ってあげたらいいの？

①わざとやっているのではない。困っているのは本人

うっかりミスが多いかいとさんやむつみさんは、「忘れたくない」「ミスをなくしたい」と努力《どりょく》しても、なかなかうまくいかず、自信《じしん》をなくしてしまっていました。また、おしゃべりがとまらないゆかさんは、みんなの迷惑《めいわく》になっていることに気づいていませんでした。オーバーな動きをするじゅんさんは、自分の体がどう動いているのかがわかっていませんでした。

これらの困りごとは、ＡＤＨＤの特性のせいです。きびしくしかったり、注意したりしても、本人たちに困りごとを解決《かいけつ》できるやり方を教えなければ、効果がありません。

②わかりやすくやり方やお手本を示し、できたときにＯＫと伝える

気が散ってパレットが洗えないかいとさんには、洗い方の手順《てじゅん》とゴールの目安《めやす》を。シチューのもりつけが雑《ざつ》なゆかさんには、「お玉に2杯《はい》」など具体的《ぐたいてき》なやり方を。動きがオーバーなじゅんさんには、「今こうだったよ」と実演《じつえん》を。片付《かたづ》けられないむつみさんには、「プリントはファイルに」というルールを。うまくできたときは「それでＯＫ」とサインを出します。

③まわりがサポートできることを考える

忘れものが多いかいとさんには、予備《よび》の文房具《ぶんぼうぐ》や教材を用意《ようい》しました。気が散って授業《じゅぎょう》に集中《しゅうちゅう》できないむつみさんには、刺激《しげき》が少ない席《せき》に移動してもらいました。特性のために授業に参加《さんか》できない、ミスを重ねて自信をなくさないように、できることを考えましょう。

④ふりかえりや課題《かだい》の解決を助ける

カッとなりあばれてしまうじゅんさんがおちついているときに、「なぜそうなったのか」「どうすればよかったか」などいっしょにふりかえり、「今度《こんど》同じことがあったら、どうするか」を考えました。よけいなことを言ってしまうゆかさんの場合《ばあい》、わだかまりをつくらないよう、話し合いあやまる機会《きかい》を設けました。おきてしまったトラブルやミスを責《せ》めるよりも、解決法を考えるほうが建設的《けんせつてき》です。

⑤がんばる目標《もくひょう》は、その人に合わせてスモールステップで！

「多動」や「衝動性《しょうどうせい》」は、大人になるとだんだん収まってくるといわれています。一方、「不注意」は大人になってもものこりがちな特性ですが、対策《たいさく》を立てれば自分でカバーできるようになっていきます。だからといって、急にできるようにはなりません。なので、高い目標を立てるのではなく、本人が達成《たっせい》しやすい小さな目標を立てましょう。「よし、できた！」という実感《じっかん》が、本人のやる気になり、がんばるエネルギーになるのです。

先生・保護者のみなさま・大人の読者の方へ

注意欠如・多動症（ADHD）の子どもたちは、みがけば光る、カラフルな原石。今はゴツゴツしているかもしれませんが、その特性をいかし、パイオニアとして新しいことにチャレンジしたり、とてつもない発見をしたり、スポーツ選手として活躍したり、クリエイターとして人を楽しませたり、さまざまな分野で才能を発揮できる可能性を秘めています。けれども、集団生活の中では失敗をくりかえしたり、しかられたりする機会が多く、自信を失い、悩んでいることも多いのです。

この本に出てくる4人も、さまざまな場面で人知れず苦労していることがわかってもらえたのではないかと思います。

2005年に「発達障害者支援法」という法律が施行され、これまでは支援の対象となっていなかった発達障害の人を「学校や職場などで支えていこう！」と決められました。また、2016年には「障害者差別解消法」が施行され、学校などでの「合理的配慮」が義務づけられました。

学校の中でも、できる範囲でADHDの子たちをサポートし、学びやすい環境を整えることが急務となっています。

まわりが理解し、丁寧にかかわっていくことで、ADHDの子はゆっくりと成長し、必ず変化していきます。そして、少しずつ自分の苦手なことをカバーできる方法を身につけていきます。また、ブレーキをかけたりセーブしたり、自分の行動をコントロールできるようになっていきます。

大切なのは、みんなで協力して、彼らの成長を見守り、応援するサポーターを増やしていくことです。

まわりの子どもたちには協力し合うことで、自分とADHDの子とのちがいを楽しみ、ちがいから学び・考え、共存していくことのすばらしさを体験していってほしいと願います。多様性を知ることは、だれもがみんなかけがえのない存在であることを実感することにつながるからです。

おわりに

個性豊《ゆた》かで、とっても魅力的《みりょくてき》な注意欠如《ちゅういけつじょ》・多動症《たどうしょう》（ＡＤＨＤ）の子どもたち。

だけど、学校など集団《しゅうだん》生活の場面《ばめん》では、
トラブルメーカーと思われてしまったり、
うっかりミスでみんなに迷惑《めいわく》をかけてしまったり、
困りごとや悩みをわかってもらえなかったり、
つらい思いをしていることがあります。

人はだれでも、失敗《しっぱい》をします。
まちがえてしまうことだって、あります。
「いつでもパーフェクト！」なんて、ありえません。

そんなとき、うまくいかなかったことを責《せ》めるのではなく、
おたがいフォローし合ったり、
どうすればうまくいくのか作戦をねったり、
助け合うことができれば、ゴキゲンですね。

それぞれが、できることで力を合わせれば、
どんなことでも、きっと、なんとかなるのです。

参考資料など

『発達と障害を考える本④　ふしぎだね!?　ＡＤＨＤ（注意欠陥多動性障害）のおともだち』
内山登紀夫　監修／えじそんくらぶ　高山恵子　編（ミネルヴァ書房）

『新しい発達と障害を考える本④　もっと知りたい！　ＡＤＨＤ（注意欠陥多動性障害）のおともだち』
内山登紀夫　監修／伊藤久美　編（ミネルヴァ書房）

『新しい発達と障害を考える本⑧　なにがちがうの？　ＡＤＨＤ（注意欠陥多動性障害）の子の見え方・感じ方』
内山登紀夫　監修／高山恵子　編（ミネルヴァ書房）

『実力を出しきれない子どもたち　ＡＤＨＤの理解と支援のために』
田中康雄・高山恵子　著（ＮＰＯ法人えじそんくらぶ）

『おっちょこちょいにつけるクスリ　ＡＤＨＤなど発達障害のある子の本当の支援』
高山恵子　編著／ＮＰＯ法人えじそんくらぶ　著（ぶどう社）

『ＡＤＨＤ脳で人生楽しんでます！　走って転んで、また走る』
あーさ　著（合同出版）

『子ども・大人の発達障害診療ハンドブック　年代別にみる症例と発達障害データ集』
内山登紀夫　編（中山書店）

監修者紹介

内山登紀夫（うちやま　ときお）

精神科医師。専門は児童精神医学。順天堂大学精神科、東京都立梅ヶ丘病院、大妻女子大学人間関係学部教授、福島大学大学院人間発達文化研究科学校臨床心理専攻教授を経て、2016年4月より大正大学心理社会学部臨床心理学科教授。2013年4月より福島県立医科大学会津医療センター特任教授併任。よこはま発達クリニック院長、よこはま発達相談室代表理事。1994年、朝日新聞厚生文化事業団の奨学金を得て米国ノース・カロライナ大学TEACCH部シャーロットTEACCHセンターにて研修。1997～98年、国際ロータリークラブ田中徳兵衛冠名奨学金を得てThe center for social and communication disorders（現The NAS Lorna Wing Centre for Autism）に留学。Wing and Gouldのもとでアスペルガー症候群の診断・評価の研修を受ける。

デザイン　大野ユウジ（co2design）
イラスト　藤井昌子
ＤＴＰ　レオプロダクト
編集協力　尾崎ミオ（TIGRE）
企画編集　SIXEEDS

あの子の発達障害がわかる本③
ちょっとふしぎ
注意欠如・多動症 ADHDのおともだち

2019年 3 月20日　初版第 1 刷発行　〈検印省略〉
定価はカバーに表示しています

監修者　内山登紀夫
発行者　杉田啓三
印刷者　森元勝夫

発行所　株式会社　ミネルヴァ書房
607-8494 京都市山科区日ノ岡堤谷町 1
電話 075-581-5191／振替 01020-0-8076

モリモト印刷

ISBN978-4-623-08502-6
Printed in Japan